서울 핵심 투자 15곳

이것이 진짜 부동산이다!

서울 핵심 아파트 투자

윤바울 지음

책나무

들어가는 글

서울, 이제는 '개발'이다

서울은 끊임없이 진화하며 변화의 파도를 헤쳐 왔습니다. 부동산 투자의 '나침반'이자 '보물창고'라 할 수 있는 '2040 서울도시기본계획'은 이제 서울의 미래를 '보존'이 아닌 '개발'이라는 명확하고 과감한 방향으로 이끌고 있습니다. 이는 단순한 도시계획의 변화를 넘어, 서울의 지도를 새롭게 그리고 부동산 시장에 전례 없는 활력을 불어넣을 거대한 지각 변동을 예고합니다. 과거의 서울이 '고도 성장의 유산'을 지키는 데 주력했다면, 이제 서울은 미래를 향해 과감히 투자하고 새로운 가치를 창출하는 역동적인 메가시티로의 전환을 선언한 것입니다.

'2040 서울도시기본계획'의 핵심 변화

이번 계획의 핵심은 도시의 잠재력을 최대한 끌어올리기 위한 다양한 정책들입니다.

첫째, 주택 공급 확대 및 규제 완화. 정비사업 속도를 높여 서울 전역에 새로운 주거 및 상업시설이 들어설 토대를 마련합니다. 오랜 기간 묶여 있던 재건축, 재개발이 속도를 내며 노후 지역은 스마트하고 친환경적인 단지로 거듭날 것입니다.

둘째, 철도 지하화 및 유휴 공간 활용. 도심을 가로지르던 철도 노선 지하화는 지상 공간을 시민에게 돌려주고, 그 위에 상업·업무·문화시설이 복합된 혁신적인 미래 공간을 창조할 것입니다. 이로써 도심의 단절이 해소되고 유휴 공간의 활용 가치는 상상 이상으로 높아집니다.

셋째, 중심지 체계 고도화. '3도심·7광역중심·12지역중심'이라는 중심지 체계를 유지하고 각 기능을 고도화하는 데 방점을 찍었습니다. 3대 도심(서울 도심, 강남, 여의도·영등포)은 글로벌 경쟁력을 갖춘 핵심 중심지로, 광역중심과 지역중심은 각자의 역할에 맞춰 상업·문화·교통의 요충지로 발전합니다. 이 모든 중심지는 광역교통, 수변 공간, 산업 거점과 유기적으로 연결되어 시너지를 창출합니다.

넷째, 도시계획 유연화 및 특화 개발. 한 공간에 다양한 기능과 복합용도를 유도하여 '글로벌 도시경쟁력 강화'와 '시민 삶의 질 향상'을 동시에 추구합니다. 낙후되었던 준공업지역은 첨단 산업과 주거가 어우러진 복합 공간으로 재탄생하고, 획일적인 고도 제한 완화는 서울의 스카이라인을 더욱 다채롭게 변화시킬 것입니다.

다섯째, 수변 도시 조성 및 일자리 창출. 서울을 강과 함께 숨 쉬는 매력적인 수변 도시로 만들고, 지속적인 일자리 창출을 통해 도시의 활력을 불어넣을 것입니다. 글로벌 기업 유치와 신산업 육성은 양질의 일자리를 창출하여 주거 및 상업용 부동산 수요를 견인하는 선순환 구조를 만듭니다.

　이 모든 변화는 서울 부동산 시장에 새로운 기회와 막대한 투자 가치를 가져올 것입니다. 서울은 더 이상 정체된 도시가 아닌, 끊임없이 진화하며 새로운 가치를 창출하는 역동적인 메가시티로 나아가고 있습니다.

성공 투자를 위한 '서울 핵심 투자 15곳'

　이러한 거대한 변화의 흐름 속에서 많은 분들이 "그렇다면 어디에, 어떻게 투자해야 할까?"라는 깊은 고민에 빠집니다. 방대한 정보 속에서 옥석을 가리고 시장의 흐름을 정확히 읽어 내는 일은 결코 만만치 않습니다. 투자자라면 이러한 서울 도시 공간 구조의 큰 그림과 변화의 흐름을 정확히 이해하는 것이 성공 투자의 첫걸음이자 핵심이라는 점을 명심해야 합니다.

　이 책 《서울 핵심 투자 15곳》은 바로 이러한 여러분의 갈증과 고민에 대한 명쾌하고 실질적인 답을 드리기 위해 만들어졌습니다. 우리는 서울 도시공간의 핵심 내용을 심층 분석하여 서울이 어떻게 변화할지, 그리고 그 변화 속에서 어떤 지역이 가장 큰 가치 상승을 이룰지 예측했습니다.

　특히 도심, 광역중심, 지역중심의 위계와 개발 방향을 면밀히 검토하여, 그 안에서 숨겨진 투자처들을 발굴하는 데 주력했습니다. 그리고 투자 가치가 가장 높은 15곳의 핵심 투자처를 엄선하여 이 책에 담았습니다. 각 투자처는 단순한 나열이 아닌, 치밀한 분석과 현장 조사를 통해 선별되었습니다.

이 책은 단순히 이론적인 지식만을 나열하지 않습니다. 각 투자처의 잠재력과 특징, 개발 호재와 예상 가치 상승 요인을 구체적이고 현실적인 사례로 설명합니다. 또한, 실제 투자를 결심하고 실행에 옮기는 데 필요한 실질적인 정보와 조언을 담아냈습니다. 어려운 전문 용어 대신 쉽고 직관적인 언어로 풀어내어 여러분이 서울 투자에 대한 '감(感)'을 확실히 잡고 스스로 판단할 수 있는 능력을 키울 수 있도록 구성했습니다.

이 책을 통해 여러분은 서울의 미래를 명확히 읽어 내고, 변화의 파도 속에서 숨겨진 보석 같은 투자 기회를 발견할 수 있을 것입니다. 서울의 새로운 시대를 맞이하며, 《서울 핵심 투자 15곳》이 여러분의 성공적인 투자 길잡이가 되기를 진심으로 바랍니다. 지금, 서울의 새로운 기회가 당신을 기다리고 있습니다.

2025년 가을

윤바울

차례

들어가는 글_서울, 이제는 '개발'이다 • 004

1 | 서울 도심: 역사가 빚어낸 미래, 서울 투자의 최중심

서울 도심의 가치: 과거와 현재, 미래가 공존하는 곳 • 014 | 핵심 개발 호재와 예상 변화 • 015 | 서울 도심 일대의 핵심 투자처와 예상 가치 • 029 | 성공 투자를 위한 체크 포인트 • 036 | 심층 투자 전략: 서울 부동산, '개발'의 시대를 맞다 • 041

2 | 강남: 대한민국 경제·문화의 심장, 끊임없이 진화하는 도시

강남의 가치: 혁신과 트렌드를 이끄는 대한민국 상징 • 048 | 핵심 개발 호재와 예상 변화 • 049 | 강남 일대의 핵심 투자처와 예상 가치 • 061 | 성공 투자를 위한 체크 포인트 • 065 | 심층 투자 전략: '용적이양제', 서울 부동산의 새로운 기회를 열다 • 070

3 | 여의도·영등포: 금융·방송 넘어 서남부 미래 성장 거점으로

여의도·영등포의 가치: 서울의 금융 심장, 미래형 복합도시로 도약 • 078 | 핵심 개발 호재와 예상 변화 • 079 | 여의도·영등포 일대의 핵심 투자처와 예상 가치 • 086 | 성공 투자를 위한 체크 포인트 • 089 | 심층 투자 전략 ① '물세권'의 중요성 • 093 | 심층 투자 전략 ② 한강 중심 글로벌 혁신코어 조성 • 096

4 | 용산: 서울의 심장, 글로벌 비즈니스·문화 허브로 도약

용산의 가치: 역사와 미래 공존, 잠재력 넘치는 도시재생의 현장 • 100 | 핵심 개발 호재와 예상 변화 • 101 | 용산 일대의 핵심 투자처와 예상 가치 • 107 | 성공 투자를 위한 체크 포인트 • 110 | 심층 투자 전략 ① 강남을 넘보는 용산 • 114 | 심층 투자 전략 ② 문화·예술이 이끄는 부동산 가치 • 118

5. 청량리·왕십리: 동북권 허브, 압도적 교통·상업·주거 인프라 구축

청량리·왕십리의 가치: 서울 동북부의 심장으로 대변신•124 | 핵심 개발 호재와 예상 변화•125 | 청량리·왕십리 일대의 핵심 투자처와 예상 가치•130 | 성공 투자를 위한 체크 포인트•134 | 심층 투자 전략: 국가가 보장하는 공간혁신구역•136

6 | 창동·상계: 동북권 신경제 중심, 자족형 복합도시로 재탄생

창동·상계의 가치: 베드타운에서 자족 가능한 핵심 거점으로 도약•142 | 핵심 개발 호재와 예상 변화•143 | 창동·상계 일대의 핵심 투자처와 예상 가치•148 | 성공 투자를 위한 체크 포인트•152 | 심층 투자 전략: 광운대역세권 개발의 미래 가치•155

7. 상암·수색: 서북권 디지털 미디어 허브, 쾌적한 주거와 상업의 조화

상암·수색의 가치: 미래형 미디어·IT 클러스터와 명품 주거단지•160 | 핵심 개발 호재와 예상 변화•161 | 상암·수색 일대의 핵심 투자처와 예상 가치•166 | 심층 투자 전략: 역세권 개발 & 유망 역세권 10곳 분석•172

8. 마곡: 지식산업의 메카, 첨단 R&D 고용 중심지로 성장

마곡의 가치: 허허벌판에서 대한민국 미래 산업의 심장부로 도약•180 | 핵심 개발 호재와 예상 변화•183 | 마곡 일대의 핵심 투자처와 예상 가치•188 | 성공 투자를 위한 체크 포인트•192 | 심층 투자 전략: 김포공항 일대는 투자 핫 플레이스•194

9. 가산·대림: 디지털 산업 허브, 서남권 상업·문화의 중심

가산·대림의 가치: 미래형 첨단 디지털 융복합 산업 클러스터•200 | 핵심 개발 호재와 예상 변화•202 | 가산·대림 일대의 핵심 투자처와 예상 가치•207 | 심층 투자 전략: 준공업지역 투자, 서울 도시계획 변화의 '블루오션'•214

10 | 잠실: 글로벌 MICE와 동남권 상업·업무 허브의 미래

잠실의 가치: 한강의 기적을 넘어선 국제 비즈니스·문화 중심지•220 | 핵심 개발 호재와 예상 변화•222 | 잠실 일대의 핵심 투자처와 예상 가치•226 | 성공 투자를 위한 체크 포인트•229 | 심층 투자 전략: 서울 지하철 '대세 역'의 투자 시그널•238

11 | 성수: 수제화 거리에서 혁신 산업 성지로, 투자 가치 급부상

성수의 가치: 과거와 현재가 공존하는 힙플레이스•244 | 성수동의 급부상 요인 분석•246 | 핵심 개발 호재와 예상 변화•249 | 성수 일대의 핵심 투자처•252 | 성공 투자를 위한 체크 포인트•255 | 심층 투자 전략 ① 제2의 성수동을 찾아라•258 | 심층 투자 전략 ② 삼표레미콘 부지, 성수동 프리미엄에 날개 달다•261

12 | 망우: 동북권 교통·상업 요충지, 미래 가치 주목

망우의 가치: 중랑구 핵심 상권, 서울 동북권 성장의 거점으로•268 | 망우의 급부상 요인 분석•270 | 핵심 개발 호재와 예상 변화•274 | 망우 일대의 핵심 투자처•277 | 심층 투자 전략: 철도 지하화와 복합환승센터 개발, 미래 투자의 핵심•283

13 | 신촌: 젊음 넘어 복합 문화·산업·의료 거점으로 재도약

신촌의 가치: 대학 문화를 넘어선 미래형 도시로의 전환•288 | 신촌의 재도약 요인 분석•290 | 핵심 개발 호재와 예상 변화•293 | 신촌 일대의 핵심 투자처•297 | 성공 투자를 위한 체크 포인트•300 | 심층 투자 전략: 서울 부동산 판이 바뀐다•305

14 | 봉천: 관악S밸리와 함께 서남2권 첨단 창업·업무 허브로

봉천의 가치: 관악S밸리를 품은 서남권의 혁신 성장 엔진•312 | 봉천의 급부상 요인 분석•313 | 핵심 개발 호재와 예상 가치•316 | 봉천 일대의 핵심 투자처•320 | 심층 투자 전략: 일자리와 교통으로 본 서울 주택 수요 및 유망 지역 분석•324

15 | 수서·문정: 신성장 로봇·IT 첨단, 업무 서비스 중심지로 도약

수서·문정의 가치: 서울 동남권의 미래를 이끄는 첨단 복합도시•332 | 수서·문정의 핵심 인기 요인 분석•334 | 핵심 개발 호재와 예상 변화•337 | 수서·문정 일대의 핵심 투자처•342 | 심층 투자 전략: UAM 시대, 미래 교통 혁명과 도시의 재편•348

부록_서울 시내를 통과하는 신설 예정 철도•353

서울 도심

: 역사가 빚어낸 미래, 서울 투자의 최중심

서울 도심의 가치:
과거와 현재, 미래가 공존하는 곳

서울 도심은 경복궁, 창덕궁 등 유서 깊은 왕궁과 남산, 북악산 등 자연경관이 어우러진 서울의 역사적 심장부입니다. 조선 왕조 500년, 그리고 대한민국 100년 역사를 고스란히 담고 있는 이곳은 단순한 도심을 넘어 한국의 정치·경제·문화·역사가 시작된 근원지입니다. 종로, 을지로, 명동, 광화문, 그리고 서울역으로 대표되는 이 지역은 이미 대한민국을 대표하는 업무지구(CBD)이자 상업, 관광의 중심지로서 확고한 위상을 지니고 있습니다.

서울 부동산 투자의 나침반 격인 '2040 서울도시기본계획'은 서울 도심을 역사문화 특성을 강화한 대한민국 대표 도심이자 글로벌 경쟁력을 갖춘 국제 업무·상업 중심지로 육성하겠다는 비전을 제시하고 있습니다. 기존 낙후된 상업 및 주거 공간을 현대화하고, 역사적 가치를 보존하면서도 새로운 도시 기능을 도입하는 초대형 프로젝트들은 서울 도심의 가치를 근본적으로 변화시킬 핵심 동력입니다.

핵심 개발 호재와 예상 변화

1. 서울 도심의 핵심 개발 호재

현재 서울 도심은 이미 서울의 중추적인 기능을 담당하지만, 현재 진행 중이거나 예정된 개발 호재들은 그 기능을 더욱 고도화하고 새로운 가치를 창출할 것입니다. 이미 변화의 바람은 시작되었습니다.

• 서울역 일대 전체 개발: 국가 중심 공간이자 초광역 교통 허브의 완성

서울역은 대한민국 철도 교통의 상징이자 서울의 관문입니다. 이곳은 단순한 교통 결절점을 넘어, '국가 중심 공간'으로서의 위상을 강화하고 국제적인 기능을 갖춘 첨단 복합도시로 거듭나기 위한 전체적인 개발 계획이 추진되고 있습니다. 이는 북부역세권 개발뿐만 아니라, 통일 한국을 대비해 서울역을 중심으로 한 통합적인 마스터플랜 아래 진행됩니다.

첫째, 서울역 북부역세권 개발

국제 비즈니스의 심장부로 탄생합니다. 서울역 북부 유휴 철도 부지(약 5만㎡, 코엑스 1.7배 규모)에 국제회의장, 오피스, 호텔, 상업시설, 문화시설 등 최고급 복합단지를 조성하는 핵심 사업입니다. 최고 40층 이상의 랜드마크 건물이 들어서며, 서울역의 컨벤션 기능을 강화하여 국제 비즈니스 교류의 중심지로 육성됩니다. 현재 사업자 선정 및 인허가 절차가 진행 중

▲ 서울역 북부역세권 사업부지(위)와 서울역 공간 대개조 입체복합개발 조감도

이며, 2026년 착공을 목표로 하고 있습니다.

이 개발은 서울역의 상징성을 극대화하고 국제적인 비즈니스 수요를 유치하여 고부가가치 일자리를 대거 창출할 것입니다. 뉴욕 허드슨 야드, 도쿄 롯폰기 힐스와 같은 글로벌 랜드마크 개발의 한국판 모델이 될 것으로 기대됩니다. '일자리 창출 + 유동인구 증가 + 랜드마크 = 부동산 가격 상승'이라는 공식은 이곳에서 더욱 명확해질 것입니다.

둘째, GTX-A/B 노선 개통 및 신안산선 연장

초연결 광역교통의 핵심 허브로 거듭납니다. GTX-A 노선은 파주 운정~서울역~삼성역~동탄을 잇는 수도권광역급행철도로, 2024년 수서~동탄 구간 개통에 이어 2028년 서울역 구간 개통을 목표로 합니다.

GTX-B 노선은 인천 송도~서울역~청량리~남양주 마석을 잇는 수도권광역급행철도로, 2024년 착공, 2031년 개통이 목표입니다. 또한, 현재 시흥·안산에서 광명, 구로디지털단지를 거쳐 여의도까지 연결되는 신안산선이 서울역까지 연장될 예정입니다.

서울역은 기존 지하철 1호선, 4호선, 경의중앙선, 공항철도와 KTX, 일반 열차(ITX-새마을, 무궁화호 등), GTX-A에 이어 앞으로 신안산선, GTX-B 노선까지 추가되면서 명실상부한 9개 노선 이상의 초광역 교통 중심지로 부상하게 됩니다.

수도권 전역에서 서울역까지 20~30분대 초고속 이동이 가능해지면서, 하루 유동인구는 현재 약 30만 명에서 장기적으로 100만 명 이상 폭발적으로 증가할 것으로 예상됩니다. 이 엄청난 유동인구의 증가는 서울역 일대의 상업, 업무, 문화시설 활성화와 더불어 모든 부동산 유형의 수요를 폭발적으로 증가시키는 핵심 동력이 될 것입니다.

셋째, 경의선 지하화 및 지상부 공원 조성

부동산 투자에 긍정적인 호재로 작용합니다. 서울역~용산역 구간의 경의선 철도 노선 지하화가 정부 차원에서 추진되고 있습니다. 지하화가 완료되면 철도 부지는 대규모 선형 공원 및 상업시설로 조성되어 도심 속 부족한 녹지 공간을 확충하고, 철도로 인해 단절되었던 서울역 동편(남대문시장 등)과 서편(만리동, 공덕동 등) 지역의 물리적·심리적 연결성을 획기적으로 강화할 것입니다.

철도로 단절되었던 도시 공간이 연결되고, 도심 한복판에 쾌적한 녹지 공간이 생겨나면서 주변 주거용 부동산의 쾌적성 및 환경 가치가 크게 상승하는 혁신적 변화가 일어날 것입니다. 특히 경의선 숲길과 연계하여 서울역 일대가 더욱 매력적인 도심 생활 공간으로 변화하게 됩니다.

넷째, 철도 지하화 사업의 서울 적용 가능성

2025년 2월, 정부는 재원 조달 및 기존 교통 처리 문제로 복잡한 서울을 선도 사업에서 일단 제외했습니다. 이는 지방 건설경기 보완 차원이었지만, 서울시 역시 철도 지하화 의지가 강하고 자체적으로 25조 원대 규모의 계획을 국토부에 제안한 만큼, 선도 사업에서 제외되었다고 해서 서울 구간의 지하화가 무산되는 것은 아닙니다.

오히려 이번 선도 사업들의 성공 사례를 바탕으로 서울의 철도 지하화가 더 구체화되고 추진될 가능성이 높습니다. 국토부와 서울시의 협의를 통해 연내 서울 구간의 최종 결정이 예상됩니다.

• 세운상가 일대 재개발 및 도시재생: 역사와 현대의 조화로운 부활

종로에서 퇴계로에 이르는 세운상가 일대(약 44만㎡)는 낡은 건물들이 밀집된 지역이었으나, '세운 재정비촉진지구' 사업을 통해 대규모 재개발이 진행 중입니다.

도심 산업 생태계를 보전하면서도, 종묘~남산 녹지축을 연결하고, 업무와 상업, 주거 복합시설을 조성하고 있습니다. 이미 힐스테이트 세운, 종로 한라비발디 운종가 등 신축 주상복합이 들어서거나 건설 중이며, 공구상가 등 기존 산업도 고도화하는 방향으로 추진됩니다.

도심 한복판에 대규모 신규 주거 및 업무 공간이 공급되면서 직주근접 수요를 흡수하고 도심 내 주거의 가치를 재평가받게 할 것입니다. 낡은 이미지를 벗고 활력 넘치는 복합 공간으로 변모하면서 상업 및 업무용 부동산의 가치도 크게 상승할 것입니다.

종묘와 남산을 잇는 녹지축 조성은 도심 내 쾌적성을 획기적으로 개선하여 주거 및 업무 환경의 질을 높이는 데 기여하며, 이는 도심 내 주거 공간의 희소성을 더욱 부각시킬 것입니다.

세운상가 일대 대규모 녹지 조성 계획은 서울시의 '녹지생태도심 재창조 전략'의 핵심 중 하나로, 단순히 특정 구역의 녹지 확보를 넘어 종묘에서 남산까지 이어지는 큰 녹지축을 조성하는 것을 목표로 합니다.

서울시의 '세운재정비촉진계획' 변경안(2023년 10월 발표)에 따르면 세운상가, 청계상가, 대림상가, 삼풍상가, PJ호텔, 인현(신성)상가, 진양상가 등 세운상가군 7개 상가를 단계적으로 공원화할 계획입니다. 이렇게 되면 세운지구 내에 총 약 13.9만㎡(약 42,000평)에 달하는 대규모 녹지공간이 확보되는데, 이는 축구장 약 20개 규모입니다. 중앙 녹지 공간은 폭 90m,

길이 1㎞로 도심 녹지로는 매머드급이며, '단계적 공원화'와 '개방형 녹지' 조성 방식으로 추진될 예정입니다.

이 녹지 공간은 단지 공원 역할뿐만 아니라, 민간 재개발 시에도 개방형 녹지를 의무적으로 확보하도록 하여 도심의 녹지율을 현재 3.7%에서 15% 이상으로 4배 이상 끌어올리는 결과를 낳게 됩니다. 따라서 이 일대 주거는 녹지 공간 확보에 따라 부동산 가치가 크게 상승할 것입니다.

▲ 세운상가 내 삼풍상가와 PJ호텔 부지의 공원 조성이 2026년 착공을 앞두고 있다. 세운상가의 거대한 녹지축은 이 일대 부동산 시장에 엄청난 파괴력을 미칠 것으로 예상된다.

- **광화문광장 재구조화 및 주변 정비: 국가 상징 공간의 품격 강화**

광화문광장은 보행 중심의 공간으로 재구조화되어 시민들이 더 쉽게 접근하고 즐길 수 있는 역사·문화적 광장으로 변모했습니다. 이와 함께 주변 정부 기관, 대기업 본사 밀집 지역의 건물 노후화에 따른 재정비 논의가 활발하며, 오피스 빌딩의 리모델링 및 재건축을 통한 업무 환경 개선이 추진됩니다.

광화문광장 일대와 경복궁~서울역~용산 일대는 서울의 얼굴이자 국가의 상징 공간으로서 그 위상이 더욱 강화됩니다. 이는 주변 업무용 부동산의 프리미엄 가치를 높이고, 상업시설에도 긍정적인 영향을 미칠 것입니다. 보행 환경 개선과 역사·문화 콘텐츠 강화는 유동인구와 관광객을 끌어들일 것입니다.

특히, 낡은 오피스 건물들이 최첨단 건물로 전환되면서 글로벌 기업들의 선호도를 높일 것으로 예상됩니다. 이는 서울시가 서울 도심을 국제문화·교류 중심지로서의 역할을 다할 수 있도록 적극적으로 투자한다는 의미이며, 이 일대 배후지의 재건축, 재개발, 상가 활성화는 당연히 뒤따라올 것입니다.

- **'4+1축'을 중심으로 한 도심 내 활력 증진 및 신산업 기반 마련**

서울 도심에서는 전통적인 업무 기능을 넘어 미래 신산업을 육성하고 활력을 불어넣기 위한 '4+1축' 전략이 추진됩니다. 이 과정에서 청계천은 단순한 수변 공간을 뛰어넘어, 도심 활력의 핵심축이자 문화와 휴식이 어우러지는 공간으로서 그 위상이 더욱 강화될 것입니다.

① 국가중심축(청와대~시청): 역사·문화를 바탕으로 도심 비즈니스 허브로 구축합니다.

② 역사문화관광축(인사동~명동): 쇠퇴 상권 활성화를 위한 규제 완화와 공공지원 확대를 목표로 합니다.

③ 남북녹지축(창덕궁~한강): 종묘~퇴계로를 중심으로 혁신 거점을 조성하여 녹지 생태 도심을 구현합니다.

④ 복합문화축(대학로~장충단공원): 동대문디자인플라자(DDP)를 중심으로 패션·뷰티 산업을 육성하고 인근 지역의 잠재력을 활용·연계하여 문화·관광 기능을 활성화합니다.

⑤ 글로벌상업축(광화문~동대문): 청계천을 중심으로 4축을 동서로 연결하여 상업지역을 통합 연계합니다.

이들 축을 중심으로 IT, 문화 콘텐츠, 핀테크, 바이오 헬스케어 등 신산

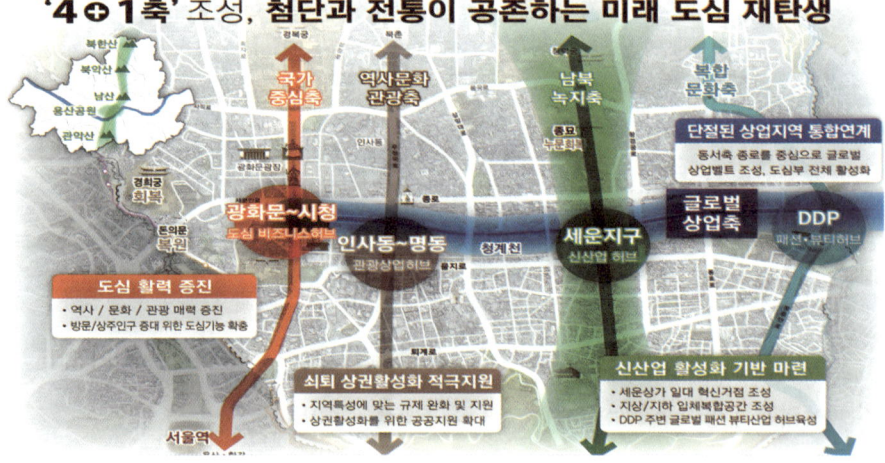

▲ 서울 도심의 '4+1축' 조성도

업 관련 기업 유치 및 창업 생태계를 조성합니다. 이를 통해 도심은 단순한 업무 공간이 아닌 미래형 산업 클러스터로 진화하며 고부가가치 일자리를 지속적으로 창출할 것입니다.

특히 청계천을 중심으로 한 문화 콘텐츠 및 창업 생태계 활성화는 젊고 역동적인 인구의 유입을 촉진하며, 이는 해당 축 인근의 업무용 부동산(오피스, 지식산업센터 등) 및 상업용 부동산에 대한 수요를 폭발적으로 증가시키고, 주거용 부동산의 가치까지 견인할 것입니다.

- 남산 고도지구 규제 완화: 억눌렸던 개발 잠재력의 분출

오랫동안 서울의 상징인 남산의 경관 보호를 위해 엄격하게 적용되어 왔던 고도지구 규제가 2023년 6월 서울시의 '신(新) 고도지구 구상' 발표와 함께 대폭 완화되었습니다. 이는 남산 주변 노후 주거지 및 상업지역의 개발 잠재력을 폭발적으로 끌어올릴 핵심적인 변화입니다.

기존 남산 주변 고도지구는 12m 또는 20m로 일률적인 높이 제한이 적용되어 왔습니다. 하지만 새로운 구상안에서는 남산 경관 조망에 미치는 영향, 지형, 용도지역 등을 종합적으로 고려하여 높이 제한을 12~40m로 세분화하여 상한을 높였습니다. 특히 약수역 일대 준주거지역 역세권은 기존 20m에서 지형에 따라 32~40m까지 대폭 완화되었고, 회현동, 다산동 일부 지역은 인접 대지보다 토지 높이가 낮은 경우 도시계획위원회 심의를 통해 8m까지 추가 완화를 적용받을 수 있게 되었습니다.

더 나아가, 고도지구 지정 이전에 지어져 높이 제한을 초과한 건축물에 대해서는 리모델링 시 주택법상 가능 범위 내에서 층수 완화를 허용하여, 14층 이하 아파트가 리모델링 시 2개 층을 높여 지을 수 있는 여건도 마련

되었습니다. 정비사업 추진 시에는 경관 가이드라인 및 심의를 통해 최고 45m까지 높이 규제가 추가 완화될 예정입니다.

결론적으로, 고도지구 규제 완화와 층수 완화 지역은 서울시가 확실한 투자지로 보증하는 곳이라고 생각해도 무방합니다. 이 같은 서울시의 정책은 앞으로 다음의 혁신적 변화를 동반할 것으로 예상됩니다.

첫째, 주거환경 개선 및 재개발 활성화

오랫동안 고도 제한으로 인해 개발이 정체되었던 남산 주변 노후 주거지(특히 빌라촌)에 재개발 및 리모델링의 물꼬를 트게 했습니다. 기존 5층 수준의 건물들이 8~10층, 나아가 정비사업을 통해 최고 15층(45m)까지 지을 수 있게 되면서, 용적률을 제대로 활용하지 못했던 저층 노후 주택 단지의 가치가 크게 상승할 것입니다. 이는 회현동, 다산동, 장충동, 필동 등 남산 주변의 노후 주거지역에 대한 투자 심리를 크게 개선하고, 실제 정비사업의 속도를 높이는 계기가 될 것입니다.

둘째, 상업 기능 강화 및 스카이라인 변화

역세권 준주거지역의 높이 완화는 상업 및 업무 기능의 활성화를 가져올 것입니다. 기존보다 더 높은 건물을 지을 수 있게 되면서 다양한 상업시설과 오피스 공간 공급이 가능해졌습니다. 또한, 남산과 어우러지는 더욱 역동적인 서울의 스카이라인을 형성할 것입니다.

셋째, 남산 조망권 프리미엄 강화

높이 제한 완화로 지어지는 신축 건물들은 기존에는 볼 수 없었던 새로운 남산 조망권을 갖게 됩니다. 남산 조망권은 서울 내에서도 최고급 주거 단지의 핵심 프리미엄 요소이므로, 이는 주변 주거용 부동산의 가치를 더욱 높일 것입니다.

- **도심 재개발 및 노후 건축물 리모델링 활성화: 공급 제한 속 가치 상승**

서울 도심은 고밀 개발이 제한되는 역사 보존 구역이 많지만, 대신 노후 건축물의 리모델링 활성화 및 소규모 필지 통합 재개발을 통해 업무·상업·주거 기능을 고도화하고 있습니다. 특히 을지로, 종로, 충무로 등 기존 상업·업무 밀집 지역의 오피스 빌딩들이 지속적으로 리모델링되거나 신축되면서 도심의 기능이 꾸준히 업그레이드되고 있습니다. '지하철 지하화' 논의가 서울 도심 내에서도 일부 구간에 먼저 적용될 가능성이 있으며, 이는 지상 공간 활용도를 높여 추가적인 개발 기회를 제공할 수 있습니다.

도심은 공급이 제한적인 특성상 신축이나 고품질 리모델링된 건물의 희소성과 가치가 매우 높습니다. 핵심 업무지구라는 특성상 안정적인 임차 수요를 바탕으로 높은 임대수익과 자산 가치 상승이 기대되는 것은 당연한 결과입니다.

따라서 낡은 건물을 매입하여 리모델링 후 가치를 높이는 밸류애드(Value-add) 투자 기회도 풍부합니다. 특히, 노후 주거지나 상업지 중 소규모라도 재개발 또는 재건축 추진이 가시화되는 지역은 큰 폭의 시세차익을 기대할 수 있습니다.

2. 서울 도심의 미래 가치 예상 변화

이러한 핵심 개발 호재들이 완성되는 2030년대 중반 이후, 서울 도심 일대는 다음과 같은 모습으로 변화하며 압도적인 미래 가치를 창출할 것입니다.

• 글로벌 비즈니스 허브이자 국가 중심 공간

서울역 북부역세권은 국제회의와 비즈니스의 중심지로 자리매김하며, 외국인 투자 유치 및 고부가가치 일자리를 창출하는 대한민국 경제의 새로운 동력이 될 것입니다. 특히 고층 빌딩 숲 사이로 고궁의 처마가 보이고, 오랜 골목길 옆에 최첨단 오피스가 들어서는 독특한 경관이 예상됩니다. 역사적 가치와 현대적 기능이 조화롭게 어우러지며, 글로벌 기업과 인재들이 모여드는 아시아를 대표하는 도심으로 자리매김할 것입니다.

• 초연결 광역교통의 심장

GTX-A/B, KTX, 1/4호선, 경의중앙선, 공항철도, 신안산선 연장선 등 국내외를 아우르는 초연결 교통망의 허브로서, 서울역은 대한민국을 대표하는 교통 관문이자 수도권 메가시티의 핵심축이 될 것입니다. 이는 도심 내 유동인구의 폭발적인 증가로 이어져 상업시설에 큰 활력을 불어넣을 전망입니다.

• 쾌적하고 매력적인 도심 생활 공간

세운상가 일대 개발로 늘어나는 녹지 공간(종묘~남산 녹지축)과 광화문광장의 재탄생은 도심의 쾌적성을 높여 줍니다. 또한 경의선 철도 지하화는 추가적인 녹지 및 상업 공간을 제공하며, 남산 고도 제한 완화로 인한 주변 주거환경 개선은 업무뿐만 아니라 주거 및 여가 활동이 가능한 '살고 싶은 도심'으로의 변화를 촉진하여 도심의 매력을 한층 끌어올릴 것입니다.

특히 남산 인근에 들어설 신축 주거단지들은 쾌적한 환경과 도심 접근성을 동시에 만족시키는 고급 주거지로 부상할 전망입니다. 청계천은 도심의 허파이자 활력의 원천으로서, 수변 공간을 중심으로 한 문화 행사, 휴식, 상업 활동이 더욱 활성화되어 도심의 매력을 더할 것입니다.

• 고부가가치 산업의 심장

금융, 법률, 컨설팅 등 전통적인 고부가가치 서비스 산업은 물론, '4+1축' 전략을 통해 육성될 IT, 문화 콘텐츠, 핀테크, 바이오 헬스케어 등 신산업이 더욱 집중될 것입니다. 특히 청계천 변은 창업 생태계와 문화 콘텐츠 산업의 허브로 기능하며, 이는 서울 경제의 최전선 역할을 수행하며, 젊고 역동적인 인재들이 모여드는 혁신적인 공간으로 진화할 것입니다.

명동과 종로, 인사동 등 기존의 유명 상권과 함께 세운상가 일내, 광화문광장, 서울역 주변, 그리고 청계천을 중심으로 한 새로운 문화·상업시설이 조성되면서 국내외 관광 및 쇼핑객의 발길이 끊이지 않는 활기찬 도심으로 성장할 것으로 보여, 한층 업그레이드된 관광 및 쇼핑의 메카로 성장할 예정입니다. 특히 해외 관광객들의 유입은 도심 상권의 매출 극대화로 이어집니다.

이러한 변화는 서울 도심 일대 부동산의 압도적인 자산 가치 상승을 견인할 것입니다. 단순한 투기적인 가치 상승을 넘어, 서울의 상징성과 미래 비전을 담은 '프리미엄 자산'으로서의 가치를 확고히 할 것입니다.

서울 도심 일대의 핵심 투자처와 예상 가치

서울 도심 일대의 투자 기회는 '도심'이라는 특수성에 기반하여 다양한 유형의 부동산에 걸쳐 있습니다. 각 투자자의 자금 규모와 투자 목적에 따라 적절한 선택이 필요합니다.

1. 아파트/주상복합: 직주근접 프리미엄의 정점

① 신축 주상복합
- 핵심 투자처
  - 힐스테이트 세운, 종로 한라비발디 운종가 등 세운상가 일대 재개발로 공급되는 단지.
  - 서울역과 인접한 서울역 센트럴자이, 롯데캐슬, 서울역 한라비발디 등 기입주 또는 예정된 단지.

- 투자 포인트
    - 도심 직주근접 수요가 매우 풍부하며, 최고 수준의 생활 편의 시설과 상업시설을 누릴 수 있습니다. 희소성으로 인해 높은 가치를 유지할 것입니다.
    - 서울역의 초광역 교통 허브화(GTX-A/B, 신안산선 연장선)와 이에 따른 유동인구 증가는 인근 주거단지의 가치를 획기적으로 업그레이드 시킬 것입니다.

- 예상 가치
    - 서울역 센트럴자이 전용 84㎡의 경우, 현재 매매가 18억~20억 원 수준(2025년 5월 기준). GTX 개통 및 서울역 북부역세권 개발 완료 시 25억~30억 원 이상 상승 예상(5년 내 30~50% 이상 상승 기대).
    - 힐스테이트 세운 84㎡는 현재 매매가 약 14억~16억 원. 세운 재정비 완료 시 주변 인프라 확충과 함께 20억 원 이상으로 예상(5년 내 25~40% 이상 상승 기대).

② 재개발/재건축 추진 빌라/다세대

- 핵심 투자처
    - 후암동, 동자동 등 서울역 북부역세권과 남산 인근의 재개발 추진 지역 내 빌라/다세대.
    - 회현동, 다산동, 장충동, 필동 등 남산 고도지구 완화의 직접적인 수혜를 받는 노후 주거지역 내 빌라/다세대(특히 재개발/리모델링 추진위원회 진행 상황 면밀히 관찰 필요).

- 도심 내 소규모 재개발/재건축 추진 가능성이 있는 노후 빌라/다세대(예: 충무로/을지로 일부 소규모 구역).

• 투자 포인트
  - 도심 내 개발 가능한 부지가 제한적이므로, 소규모라도 개발 가능성이 있는 노후 빌라나 다세대는 장기적인 관점에서 높은 가치 상승을 기대할 수 있습니다. 초기 투자금은 상대적으로 낮지만, 사업 진행 리스크와 오랜 투자 기간을 고려해야 합니다. 특히 후암동과 동자동은 남산 조망과 서울역 접근성을 동시에 누릴 수 있어 미래 가치가 높습니다.
  - 남산 고도 제한 완화로 회현동, 다산동 등에서는 기존에는 불가능했던 층수 상향이 가능해지면서 재개발 사업성이 크게 개선될 것입니다. 이는 해당 지역의 재개발 추진을 가속화하고, 사업 완료 시 획기적인 주거 가치 상승을 가져올 것입니다.

• 예상 가치
  - 후암동/회현동 재개발구역 내 빌라/다세대 지분의 경우, 재개발 진행 단계에 따라 변동 폭이 크지만, 사업 완료 시 100% 이상 시세차익 가능성이 큽니다(장기 투자 관점). 특히 고도 제한 완화가 적용되는 지역은 기존보다 더 높은 층수를 지을 수 있어 사업성이 좋아졌으므로, 그만큼 투자 가치가 더욱 높아졌습니다.

2. 오피스/상가: 글로벌 비즈니스 및 유동인구의 중심

① 신규 공급 오피스/상업시설

- 핵심 투자처
  - 서울역 북부역세권 개발 내 신규 공급될 오피스 및 상업시설 분양분.
  - 세운상가 일대 재개발 내 신규 공급될 상업시설.
  - 청계천 변에 신규 조성되는 상업시설.

- 투자 포인트
  - 서울역 북부역세권 개발을 통해 국제 비즈니스 허브로서의 역할이 강화되면서 글로벌 기업 수요가 풍부할 것입니다. 높은 임대수익과 안정적인 자산 가치 상승이 예상됩니다.
  - 세운상가 개발 역시 새로운 상업시설을 공급하여 도심 활력 증진에 기여하며, 주변 지역의 유동인구 증가와 상권 활성화를 통해 부동산 가치 상승이 기대됩니다.
  - 청계천 변 상업시설은 유동인구와 문화 콘텐츠 수요를 바탕으로 높은 수익을 기대할 수 있습니다.

- 예상 가치
  - 서울역 북부역세권 신규 오피스/상업시설 일부 호실의 경우, 연 임대수익률 4.5%~6% 이상 목표로, 매매가 기준 5년 내 30~50% 상승이 기대됩니다.

② 기존 프라임 오피스

- 핵심 투자처
  - 서울스퀘어, 연세세브란스빌딩, 센트럴시티 등 서울역 인근 프라임 오피스 빌딩.
  - 광화문/종로/을지로 핵심 상권의 오피스 빌딩(매매 또는 분양).

- 투자 포인트
  - 대한민국 업무의 중심지로서 안정적인 기업 임차 수요와 높은 임대수익을 기대할 수 있습니다.
  - GTX 개통으로 인한 접근성 개선은 기존 오피스 빌딩의 가치까지 끌어올릴 것입니다.

③ 역세권 상가

- 핵심 투자처
  - 서울역 지하 및 지상 역세권 상가.
  - 남대문시장 인근 상가(특히 재건축/리모델링 가능성 있는 건물).
  - 명동, 종로, 을지로 등 주요 상권의 상업시설(특히 꼬마빌딩).
  - 남산 고도 제한 완화 수혜 지역의 상업시설(특히 약수역 일대 준주거지역).
  - 청계천을 따라 형성된 카페, 음식점, 문화시설 등 특색 있는 상가.

- 투자 포인트
  - 서울역 유동인구의 폭발적 증가는 상업시설의 매출을 극대화할 것입니다. 명동, 종로 등 핵심 상권은 꾸준한 유동인구와 관광객 수요로

안정적인 수익을 제공합니다. 낡은 건물을 리모델링하여 가치를 높이는 밸류애드 전략이 유효합니다.
- 특히 '4+1축'을 중심으로 한 신산업 유치는 특정 테마를 가진 상업시설의 수요를 높일 것입니다.
- 남산 고도 제한 완화가 적용되는 약수역 일대 등은 기존보다 높은 상업시설 조성이 가능해져 상권 활성화 및 임대수익 상승을 동반할 것입니다.
- 청계천의 위상 강화는 주변 상가에 긍정적인 영향을 미치며, 특히 문화/휴식/창업 등 특정 테마를 가진 상가 투자가 유망합니다.

3. 단독주택/연립/다세대: 재개발 잠재력 및 소규모 개발 기회

- 핵심 투자처
  - 재개발/재건축 구역 내 주택: 후암동, 동자동 등 서울역 인근 재개발 구역 내 단독주택, 연립, 다세대.
  - 고도지구 완화 수혜 지역: 남산 고도지구 완화의 직접적인 수혜를 받는 회현동, 다산동, 장충동, 필동 등 노후 주거지역 내 단독주택/연립/다세대와 함께 청계천과 인접한 종로, 을지로, 중구 일부 노후 주거지.
  - 소규모 개발 잠재 주택: 재개발/재건축 구역으로 지정되지 않았으나 향후 개발 가능성이 있는 도심 인접 노후 주거지(예: 일부 충무로, 장충

동 일대)의 소규모 개발 잠재 주택.

- 투자 포인트
  - 대규모 개발의 직접적인 수혜를 볼 수 있는 투자처입니다. 사업 진행 상황에 따라 큰 시세차익을 기대할 수 있지만, 사업 진행의 불확실성과 긴 투자 기간이 단점입니다.
  - 서울역 일대 전체 개발과 남산 접근성이라는 강력한 호재는 이곳의 재개발 잠재력을 더욱 높입니다. 특히 남산 고도 제한 완화는 해당 지역의 용적률 활용을 극대화하고 사업성을 획기적으로 개선하여 재개발 추진 동력을 강화할 것입니다.
  - 청계천 변 인접 노후 주거지도 수변 경관 개선 및 도심 활력 증진이라는 호재를 바탕으로 재개발/리모델링 가치가 상승할 수 있습니다. 도심 내 낡은 단독주택이나 연립을 매입하여 소형 오피스텔, 고급 주택 또는 상업시설로 리모델링/재건축하여 고수익을 노리는 투자도 가능합니다.
  - 특히 '4+1축' 활성화와 연계하여 특색 있는 문화/상업 공간으로 바꿀 수 있는 기회가 많습니다. 고도 제한 완화로 인해 소규모 필지에서도 기존보다 높은 건축물을 지을 수 있게 되어 수익성이 높아질 것입니다.

- 예상 가치
  - 후암동/회현동 재개발구역 내 단독주택/빌라 지분의 경우, 재개발 진행 단계에 따라 변동 폭이 크지만, 사업 완료 시 100% 이상 시세차익 가능성(장기 투자 관점).

성공 투자를 위한 체크 포인트

1. 투자 시 고려해야 할 리스크 요인들

서울 도심 일대 투자는 매우 매력적이지만, 그만큼 높은 가치와 함께 고려해야 할 리스크 요인들이 존재합니다.

• 높은 투자 진입 장벽과 변동성

서울의 핵심 도심인 만큼, 부동산 가격이 매우 높게 형성되어 있어 상당한 초기 자본이 필요합니다. 또한 대규모 개발 호재에 대한 기대감으로 가격 변동성이 클 수 있으므로, 충분한 자금 계획 없이 무리한 투자는 지양해야 합니다.

• 대규모 개발 사업의 복잡성 및 장기화

서울역 일대 전체 개발, 세운상가 일대 재개발 등은 초대형 프로젝트로, 정부 정책과 경제 상황, 인허가 절차, 공사 난이도 등 다양한 변수로 인해 사업 추진이 예상보다 지연되거나 계획이 변경될 가능성이 있습니다. 이는 투자 수익 실현 시점과 최종 수익률에 직접적인 영향을 미칠 수 있습니다.

서울 철도 지하화 논의 또한 매우 장기적인 관점에서 접근해야 하며, 실제 착공까지는 상당한 시간이 소요될 수 있음을 명심해야 합니다.

• 규제 리스크 및 역사 보존과의 충돌

서울 도심은 역사 보존을 위한 고도 제한, 용적률 제한 등 다양한 건축 및 개발 규제가 적용될 수 있습니다. 특히 문화재 보호 구역과 인접한 경우 개발에 제약이 많습니다. 남산 고도지구 규제 완화가 단행되긴 했지만, 여전히 남산 경관 보호라는 큰 틀 안에서 심의가 진행되므로, 모든 지역에서 무조건적인 높이 상향이 가능한 것은 아닙니다. 따라서 투자 전 해당 지역의 지구단위계획, 재개발/재건축 정비계획 등을 철저히 확인하고, 문화재청 등 관련 기관의 규제 사항을 꼼꼼히 검토해야 합니다.

• 주거환경의 특수성

도심 지역은 상업 및 업무 기능이 강하여 일반적인 주거지역에 비해 소음, 유동인구, 야간 활동 등이 활발할 수 있습니다. 실주거 투자를 고려한다면 이러한 도심 특유의 환경을 충분히 이해하고 자신의 라이프 스타일과 맞는지 고려해야 합니다. 특히 서울역 인근은 철도 소음 등 추가적인 환경 요인을 고려해야 합니다.

• 장기적인 관점 유지

서울 도심은 단기적인 시세차익보다는 '글로벌 경쟁력을 갖춘 도심'으로의 변화라는 큰 그림을 보고 최소 5~10년 이상의 장기적인 관점에서 접근하는 것이 바람직합니다.

2. 투자 전 알아 두면 좋은 Q&A

Q. 현재 서울역 북부역세권 사업의 진행이 인근 지역에는 어떤 영향을 미치고 있습니까?

A. 서울역 북부역세권 사업과 동시에 인근의 서계동, 공덕동, 청파동 일대에도 개발 바람이 거세게 불고 있습니다. 이곳 일대는 서울시가 신속통합기획으로 확정하면서 약 7,000세대 규모의 대규모 주거단지로 조성됩니다. 서울역과 맞닿은 용산, 마포 일대의 노후 저층 주거지는 서계동 33번지 일대, 공덕동 115-97 일대, 공덕동 11-24 일대, 청파동1가 89-18 일대 등으로 면적은 31만㎡에 달합니다.

서울역 서측 서계, 공덕 일대는 서울역에서 가장 가까운 주거지이지만, 현재는 경부선 지상 철도로 인한 동서 지역 단절, 경사지 단차로 인해 서울역의 활력이 미치지 못하고 있습니다. 서계동 33 일대는 구릉지 지형을 극복하는 원형(Ring)의 입체 녹지 보행로인 그린 힐링(Green Hill-Ring)을 단지 중앙에 배치하여 삶의 휴식과 여유를 느낄 수 있는 도심 내 힐링 주거단지가 조성됩니다. 대상지 내 노후 주택이 87%에 달하고, 최고 40m의 큰 단차로 인한 협소하고 끊어진 도로, 불법주정차, 다수의 계단 등 주거환경 정비가 시급한 곳입니다.

무엇보다 대상지와 인접한 '서울역 일대'는 서울의 대표 관문으로 교통·문화 중심지이자 매력 공간으로 탈바꿈하기 위한 공간 개선 마스터플랜이 마련 중입니다. 따라서 서울역 북부역세권 개발사업 본격화 등 지역 일대에 상당한 변화가 예상됩니다.

이에 서울시는 대상지의 정비 필요성뿐만 아니라 지역 일대 변화에도 주목하여, 서계·청파·공덕 일대를 아우르는 녹지·보행축을 연계·조성해 지역에 활력을 부여하고 남산의 경관을 누리는 구릉지형 도심 대표 주거단지 조성에 주안점을 두고 있습니다.

개발 내용에 따르면, 서계동 33 일대는 '서울역 활력과 남산 경관을 누리는 도심 여가 주거단지 조성'을 위해 4가지 계획 원칙을 담았습니다.

첫째, 경사지를 극복하고 서계, 청파, 공덕 일대를 아우르는 보행 및 녹지 연계
둘째, 편리하고 쾌적한 생활을 위한 기반시설 정비 및 필요시설 확충
셋째, 용도지역·높이 등 유연한 도시계획으로 효율적 토지이용
넷째, 주변과 조화롭고 남산을 조망하는 상징적 도시경관 창출

이에 따라 공원, 도서관, 노인복지시설, 공공기숙사, 문화여가시설 등 다양한 도시계획시설이 들어섭니다. 이같이 사업이 원활하게 진행되는 이유는 서울시가 지역의 특성을 고려해 사업성이 나올 수 있게 용도지역을 조정한 덕분입니다. 제1종, 제2종(7층), 제2종주거지역 등을 제2종, 제3종, 준주거지역 등으로 용도 변경하고, 최고 39층 등 유연한 층수 계획을 적용했습니다.

이렇게 진행되면 서울역 일대 변화와 함께 보행·녹지·남산 경관을 모

두 누리는 도심 대표 주거지로 거듭날 수 있을 것으로 예상됩니다. 변화는 이미 시작되었습니다.

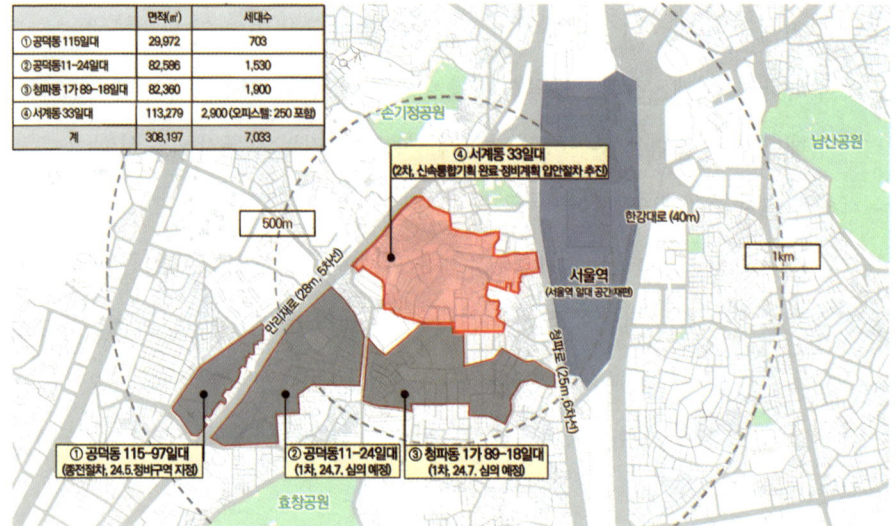

▲ 서울역 북부역세권 사업과 함께 진행되는 인근의 개발 사업지 현황

심층 투자 전략 :
서울 부동산, '개발'의 시대를 맞다

    서울시는 지난 10년간의 '보존 위주 도시재생' 기조에서 벗어나, 이제 '개발을 통한 혁신 성장'으로 정책 방향을 대전환했습니다. 오세훈 시장의 '그레이트 한강 프로젝트', '녹지생태도심 재창조', '2040 서울도시기본계획' 등은 이러한 개발 중심의 확고한 정책 의지를 보여 주는 명확한 신호입니다. 이는 서울의 부동산 지형을 완전히 바꾸게 될 거대한 변화를 예고하며, 서울의 고질적인 공급 부족과 노후화 문제를 해결하고 글로벌 도시 경쟁력을 강화하는 동력이 될 것입니다. '개발' 중심 정책이 서울 부동산에 미칠 영향은 다음과 같습니다.

1. 제한적 공급 해소 및 재개발/재건축 활성화

- **투자 심리 개선**

    그동안 각종 규제로 묶여 있던 서울의 노후 주택 및 상업지역에 대한 개발 기대감이 높아지면서 투자 심리가 크게 개선될 것입니다. 이는 억눌렸던 재개발/재건축 사업의 추진 동력을 제공하여 전반적인 부동산 시장의 활력을 불어넣을 것입니다.

• 공급 부족 완화

서울의 만성적인 주택 공급 부족 문제 해소에 기여하며, 주택뿐만 아니라 업무·상업시설 공급도 활성화되어 도심 기능이 고도화될 것으로 보입니다.

• 대표적인 수혜지

재개발/재건축 초기 단지(특히 규제 완화 지역), 남산 고도지구 완화 지역(회현동, 다산동, 장충동, 필동 등), 용산 국제업무지구 배후 주거지(후암동, 동자동 등), 도심 내 노후 빌라촌 등이 대표적인 수혜지입니다. 상업지역 내 주거 비율 완화 등 용도지역 변경을 통해 고밀 개발이 가능한 지역들도 주목받을 수 있습니다.

2. 서울의 도시경쟁력 강화 및 자산 가치 상승

• 글로벌 도시 위상 제고

서울역 국가 중심 공간 계획, 용산 국제업무지구 조성, 영동대로 복합개발 등 대규모 프로젝트는 서울을 뉴욕, 런던, 싱가포르와 같은 글로벌 거점 도시로 성장시키는 기반이 될 것입니다. 이는 외국인 투자 유치 및 고급 인력 유입으로 이어져 서울 부동산의 자산 가치를 더욱 높일 것입니다.

• 직주근접 및 삶의 질 개선

도심 기능 고도화와 함께 녹지 공간 확충(세운상가, 용산공원 등)은 직주근접과 쾌적한 주거환경을 동시에 추구하는 수요를 충족시켜, 서울의 삶의 질을 전반적으로 향상시키고 부동산 프리미엄을 강화할 것입니다.

• 신산업 유치 및 일자리 창출

도심 '4+1축' 전략과 같은 신산업 육성 정책은 고부가가치 일자리를 창출하여 젊은 인구 유입을 촉진하고, 업무용/상업용 부동산은 물론 주거용 부동산 수요를 견인할 것입니다.

3. 주택 시장의 양극화 심화

• 핵심지 가치 상승 가속화

개발 호재가 집중되고 교통, 일자리, 인프라가 우수한 핵심 지역의 가치 상승은 더욱 가속화될 것입니다. 서울 내에서도 핵심 지역과 비핵심 지역 간의 가격 격차가 더욱 벌어지는 양극화 현상이 심화될 가능성이 높습니다.

• 노후 주택의 가치 재평가

개발 잠재력이 있는 노후 주택, 특히 용적률 인센티브 등 규제 완화가 적용되는 지역의 빌라나 다세대는 큰 폭의 가치 상승을 경험할 수 있습니다.

- 투자 전략의 중요성

옥석 가리기가 더욱 중요해질 것입니다. 단순히 저렴하다는 이유만으로 투자하기보다는, 개발 계획의 실현 가능성과 입지적 잠재력을 면밀히 분석하는 것이 중요합니다.

종합하자면, 서울시의 '개발 드라이브'는 부동산 시장에 긍정적인 파급효과를 가져올 것으로 예상됩니다. 특히 핵심 지역의 재개발/재건축은 물론, 그동안 낙후되었던 도심 내 노후 지역에 대한 투자 가치 재평가가 활발하게 이루어질 것입니다. 이제부터 서울은 '보존'보다는 '개발'이 우선입니다.

서울 내 유망지역 Top 6

그렇다면 유망지역의 요건은 무엇일까요? ① 노후 비주거 건물이 많고, ② 도심 또는 교통 접근성이 좋으며, ③ 도시재생·정비사업이 병행되고 있는 곳 등의 3가지 조건을 갖춘 곳이 좋습니다.

- 성동구 성수동
  - 강점: 노후 공장, 창고 다수 / 2호선, 분당선 접근성 / 젊은 층 유입 활발
  - 사업 예: 공장 → 청년임대주택, 공유 오피스 + 셰어하우스 전환
  - 개발 호재: 서울숲 일대 정비, 성수전략정비구역 추진 중

- 중구 을지로·충무로 일대
  - 강점: 노후 상가·인쇄소 밀집 / 교통 요지

- 특징: 주말엔 유령도시처럼 인적이 드물지만, 주중엔 유동인구 폭발
- 활용안: 상가 → 원룸, 셰어하우스 / 지식산업센터 → 소형 주택 전환
- 개발 계획: 중구 도시재생 활성화 구역 대상지 포함

• 용산구 후암동 · 원효로
- 강점: 중심업무지구 인접 / 오래된 상가, 주택 혼재
- 활용안: 노후 상가 건물 → 청년주택 또는 소형 임대주택
- 개발 계획: 용산국제업무지구 개발, 신용산 · 한강로 일대

• 영등포구 문래동
- 강점: 방치된 철공소, 창고 밀집 / 영등포 · 여의도 근접
- 활용안: 공장 리모델링 → 복합공간(주거 + 창업) 전환
- 도시재생: 문래창작촌으로 변화 중, 서울시 도시재생지구

• 관악구 신림동 일대
- 강점: 서울대, 청년층 밀집 / 노후 원룸, 상가 다수
- 활용안: 공실 상가 → 청년 셰어하우스 전환
- 개발 계획: 신림선 개통 완료 / 신림선 연장 등 교통 호재

• 은평구 녹번 · 불광 일대
- 강점: 강북 접근성 우수 / 노후 상가, 혼합건물 다수
- 활용안: 소규모 상가 → 주거용 개조 or 신축
- 개발 계획: 강북횡단선 노선 예상지, 신분당선 연장 검토

강남

: 대한민국 경제·문화의 심장, 끊임없이 진화하는 도시

강남의 가치:
혁신과 트렌드를 이끄는 대한민국 상징

강남은 대한민국 경제 발전의 상징이자, 끊임없이 변화와 혁신을 추구하는 도시의 심장부입니다. 한강 이남의 허허벌판이던 땅은 불과 반세기 만에 대한민국의 비즈니스, 상업, 문화, 교육, 주거를 선도하는 최고급 주거지이자 핵심 업무지구(CBD)로 성장했습니다.

테헤란로를 중심으로 한 금융 및 IT 산업, 압구정·청담동의 명품 상권, 가로수길의 트렌디한 문화, 그리고 대치동의 교육 특구까지, 강남은 서울의 다양한 면모를 가장 화려하게 보여 주는 곳입니다.

'2040 서울도시기본계획'에서도 강남은 '글로벌 비즈니스 혁신 거점'이자 '고품격 주거 및 생활 문화 중심지'로서의 위상을 더욱 강화하는 비전을 제시합니다. 현재 진행 중인 영동대로 복합개발, 잠실 스포츠·MICE 복합단지 조성, 현대자동차 GBC 개발 등은 강남의 경쟁력을 한 단계 더 끌어올릴 초대형 프로젝트들입니다.

또한, 수도권광역급행철도 노선(GTX-A/C)의 강남권 경유는 서울을 넘어 수도권 전체와의 연결성을 획기적으로 개선하며, 강남의 입지 가치를 더욱 공고히 할 것입니다. 대규모 재건축 사업이 활발히 진행되면서 신축 주거 공간의 공급이 이어지고 있으며, 이는 강남의 주거환경을 더욱 고도화하고 자산 가치를 상승시키는 핵심 동력이 됩니다.

강남은 이미 최고 수준의 인프라를 갖추고 있지만, 이러한 미래 개발 호재들을 통해 '압도적 1위'의 위상을 더욱 확고히 할 것입니다.

핵심 개발 호재와 예상 변화

1. 강남의 핵심 개발 호재

강남은 이미 서울의 중추적인 기능을 담당하지만, 현재 진행 중이거나 예정된 개발 호재들은 그 기능을 더욱 고도화하고, 새로운 가치를 창출할 것입니다. 강남의 가치를 재정의할 또 다른 변화의 바람이 불고 있습니다.

• **영동대로 복합개발: 아시아 최대 규모의 지하 도시 완성**

삼성역 사거리~코엑스 사거리까지 영동대로 지하 공간에 지하 6층, 연면적 16만㎡(지하철 역사 제외) 규모의 초대형 복합환승센터 및 지하 도시를 조성하는 사업입니다.

이곳에는 GTX-A/C · 위례신사선(예정) · 삼성역(2호선) · 봉은사역(9호선) · 청담역(7호선) 등 5개 노선이 통합 연계되는 복합환승센터가 들어서며, 상업 · 문화 · 업무 · 공공시설 등 다양한 기능이 집적됩니다. 지상에는 대규모 공원과 녹지 공간이 조성되어 도심 속 휴식 공간을 제공할 것입니다. 2028년 완공이 목표입니다.

영동대로 복합개발 사업은 강남의 교통 허브 기능을 획기적으로 강화하고, 삼성동 코엑스~현대차 GBC~잠실 MICE로 이어지는 국제교류복합지구의 중심축을 형성할 것입니다. 지하 공간 개발은 상업과 업무 기능을 확장하고, 지상 공원은 도시의 쾌적성을 높여 강남권 부동산의 프리미엄을 더욱 상승시킬 것입니다.

특히, GTX 개통으로 인한 유동인구 증가는 주변 상업시설의 매출을 극대화하고, 업무용 부동산 수요를 폭발적으로 증가시키는 핵심 동력이 됩니다.

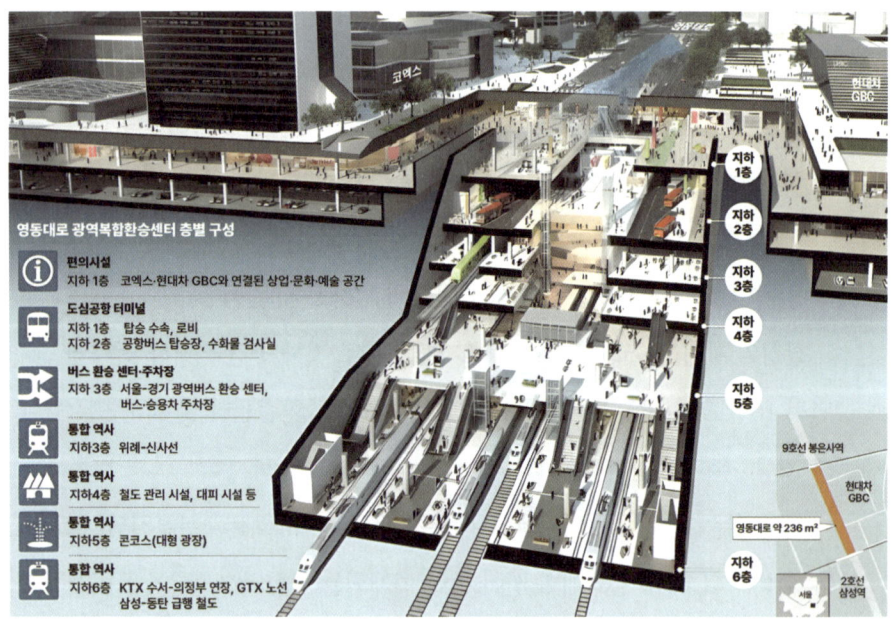

▲ 2028년 완공을 목표로 추진 중인 영동대로 복합개발 사업은 아시아 최대 규모의 지하도시 완성을 지향하고 있다. 개발이 완료되면 강남의 중심 기능은 현재 강남역 네거리에서 삼성역 네거리로 옮겨질 것으로 예상된다.

- 현대자동차 GBC(글로벌 비즈니스 센터) 개발: 강남의 새로운 랜드마크 탄생

  옛 한전 부지에 지상 54층, 3개 동의 고층 타워와 컨벤션, 호텔, 공연장, 상업시설 등 복합시설이 들어서는 초대형 프로젝트입니다. 현대차그룹의 통합 사옥이자 한국을 대표하는 랜드마크로, 현재 착공되어 본격적인 공사가 진행 중이며, 2030년 완공을 목표로 합니다.

  GBC는 단순한 건물을 넘어 강남의 새로운 스카이라인을 형성하고, 압도적인 상징성을 갖게 될 것입니다. 수많은 고부가가치 일자리 창출과 함께 글로벌 기업 유치, 국제 비즈니스 교류의 중심지로 기능하며, 주변 상업·업무용 부동산 가치를 획기적으로 상승시킬 것입니다.

  특히 영동대로 복합개발과 연계되어 시너지 효과를 창출하며, 강남이 글로벌 비즈니스 거점으로 자리매김하는 데 결정적인 역할을 할 것입니다.

  또 공사가 완공될 경우 9,200명의 고용이 이루어질 것으로 예상됨에 따라 주변 주거지에도 긍정적인 영향을 미쳐 직주근접 프리미엄을 강화할 것입니다.

- 국제교류복합지구 사업: 대규모 글로벌 경쟁력 프로젝트

  서울시가 서울의 글로벌 경쟁력을 높이고 미래를 이끌 핵심 공간으로 조성하는 대규모 도시 개발 프로젝트입니다. 코엑스~현대자동차그룹 글로벌비즈니스센터(GBC)~잠실종합운동장을 잇는 약 192만㎡(약 58만 평)에 달하는 지역을 대상으로 합니다. 이 사업의 이점은 다음과 같습니다.

  - 글로벌 마이스(MICE) 산업 중심지 조성: 회의(Meeting)와 인센티브

여행(Incentive Travel), 컨벤션(Convention), 전시회(Exhibition) 산업 및 이와 융합된 산업을 총칭하는 MICE 산업을 집중 육성하여, 국제 비즈니스 및 교류의 핵심 거점으로 만듭니다.

- 국제 스포츠 이벤트 허브 구축: 잠실종합운동장을 재개발하여 국제적인 스포츠 행사 개최가 가능한 인프라를 갖추고, 시민을 위한 스포츠 및 여가 공간을 제공합니다.
- 문화 · 엔터테인먼트 복합단지: 전시 및 컨벤션뿐만 아니라 대중문화, 공연, 엔터테인먼트 기능이 융합된 복합 문화 공간을 조성하여 시민들의 여가 활동을 풍부하게 합니다.
- 한강 · 탄천 수변 공간 활용: 한강과 탄천을 연계하여 시민들이 즐길 수 있는 친수 공간을 확대하고, 도심 속 자연을 느낄 수 있도록 합니다.

국제교류복합지구는 △코엑스(COEX) △현대자동차그룹 글로벌비즈니스센터(GBC) △영동대로 복합환승센터 △잠실종합운동장 일대 재개발 등 크게 네 가지 핵심축으로 구성되는데, 2031년까지 장기적으로 진행되는 사업입니다. 세계적인 장소가 될 국제교류복합지구는 서울 강남의 스카이라인과 기능에 큰 변화를 가져올 서울시의 핵심적인 도시재생 및 개발 프로젝트입니다.

• **재건축 사업 활성화: 강남의 '새 얼굴'과 주거 가치 고도화**
강남은 국내 최대 규모의 재건축 사업들이 활발히 진행 중인 지역입니다. 압구정 현대아파트, 대치 은마아파트, 잠실주공5단지, 개포주공 단지 등 수십 년 된 노후 아파트들이 최첨단 주거단지로 탈바꿈하고 있습니다. 서울시의 정비사업 규제 완화 기조와 맞물려 사업 추진 속도가 더욱 빨라지고 있습니다.

대규모 재건축 사업은 강남의 주거환경을 혁신적으로 개선하고, 신축 아파트 공급을 통해 강남의 부동산 가치를 재조정할 것입니다. 특히 강남의 핵심 입지에 들어서는 신축 아파트들은 희소성과 상품성을 바탕으로 압도적인 프리미엄을 형성하며, 주변 부동산 시장 전체에 긍정적인 영향을 미칠 것입니다. 고급화된 주거 인프라는 강남의 '살고 싶은 도시' 이미지를 더욱 강화하고, 장기적인 자산 가치 상승을 견인합니다.

- **GTX(수도권광역급행철도) 노선 확충: '초고속 메가시티' 강남의 완성**

강남을 경유하는 GTX 노선은 서울역(도심) 부분에서 설명드린 GTX-A와 함께 GTX-C 노선까지를 포함합니다.

GTX-A 노선의 동탄~수서 구간은 지난 2024년 3월 개통 완료되었으며, 수서~삼성역 구간은 2028년 개통 예정입니다. GTX-C 노선은 양주 덕정~청량리~삼성역~수원 구간으로, 2030년 개통을 목표로 합니다. 삼성역 외에 청담역, 학여울역, 양재역 등 강남권 주요 역을 경유할 예정입니다.

GTX 개통은 강남을 수도권 전체와 초고속으로 연결하는 메가시티의 핵심 허브로 만들 것입니다. 수도권 전역에서 강남까지 20~30분대 접근이 가능해지면서, 강남의 업무 및 상업시설 접근성이 획기적으로 개선됩니다. 이는 강남의 직주근접 수요를 폭발적으로 증가시키고, 오피스와 상업용 부동산의 임대 가치를 높이며, 궁극적으로 강남권 전체 부동산의 가치를 더욱 공고히 할 것입니다.

- **경부고속도로 지하화 사업: 단절된 도시를 잇는 친환경 공간으로 재탄생**

경부고속도로 서울 구간(한남대교 남단~양재나들목 약 6.8㎞)을 지하화하고, 그 상부 공간을 공원, 상업, 문화시설 등 친환경 복합 공간으로 재조성하는 사업입니다. 민자적격성 심의 진행 중이어서 통과 시 2029년 착공을 목표로 합니다. 이는 경부고속도로로 인한 강남 지역의 물리적 단절과 심각한 교통 체증을 해소하고, 도시 미관을 개선하며, 주변 지역 개발 한계 등의 문제에서 벗어나 새로운 가치 창출을 목표로 합니다.

좀 더 상세히 알아볼까요? 기존 고속도로 하부에 대심도 터널을 건설하여 지하로 고속도로 기능을 이전하고, 지상의 기존 도로는 최소 차로만 남기고 일반 도로화하거나 철거합니다. 지하화로 확보된 넓은 지상 공간에는 대규모 선형 공원, 산책로, 문화시설, 상업시설 등이 들어설 계획입니다. '강남 그린웨이' 구상과도 연계될 수 있습니다.

경부고속도로 지하화는 강남 지역의 도시 공간을 획기적으로 재편할 것입니다. 먼저, 서초구 일대를 남북으로 가로지르던 고속도로가 지하로 내려가면서, 교통 체증 완화로 인해 지상 교통 흐름이 개선되며, 강남 전체의 교통 효율성을 높이는 데 기여할 것입니다. 동서 간 단절이 해소되고 지역 주민의 이동 편의성이 크게 향상되며, 유동인구 증가로 인해 주변 상업시설의 활성화가 기대됩니다.

또한 지상에 조성될 대규모 공원과 녹지, 문화시설 등의 새로운 랜드마크는 강남의 새로운 명소로 자리매김하며, 지역의 가치를 더욱 높일 것입니다. 그동안 강남의 가장 큰 약점으로 지적되어 온 녹지 공간 부족이 해소될 기회입니다. 강남 도심의 열섬 현상을 완화하고, 주민들에게 휴식과 여가를 제공하는 도심의 허파 역할을 하게 될 것입니다. 이는 주거환경의 질을 높이고 인근 주거단지의 가치를 상승시킵니다.

요약하자면, 경부고속도로 인근 아파트와 빌라, 단독 주택지는 현재 저평가 상태로, '투자 1순위'로 꼽을 수 있습니다.

▲ 서울 경부간선도로 지하화 구간

• 테헤란로 중심 기능의 동서 방향 확산: 강남의 새로운 성장 동력

테헤란로는 오랫동안 강남 업무지구의 핵심축이자 상징이었습니다. 1990년대 '테헤란밸리'로 불리며 벤처 및 IT 기업들이 집중되고, 이후 금융 및 다양한 고부가가치 산업이 집적되면서 명실상부 대한민국 경제의

주요 거점으로 자리매김했습니다.

　지하철 2호선이 동서로 관통하며 강남역, 역삼역, 선릉역, 삼성역 등 주요 역세권을 중심으로 고층 오피스 빌딩과 상업시설이 밀집되어 있습니다. 하지만 테헤란로의 기능은 단순히 도로변에만 머물지 않고, 주변 지역으로 끊임없이 확산되는 특성을 보여 왔습니다. 그리고 최근에는 서울시의 대규모 개발 계획과 맞물려 그 확산이 더욱 가속화되고 있습니다.

　테헤란로 중심 기능의 동서 방향 확산은 크게 세 가지 축을 중심으로 이해할 수 있습니다.

첫째, 서초·강남역 일대(서쪽 확산): 법조타운 및 상업 중심지로의 연계 강화

　테헤란로 서쪽 끝은 강남대로와 만나는 강남역 사거리와 서초동 법조타운으로 연결됩니다. 이 지역은 서울남부터미널(개발 예정), 예술의전당 등과 연계되며 과거부터 상업 및 법률 서비스 기능이 강력했습니다.

　강남역은 서울 최대 유동인구를 자랑하는 상업 중심지로서, 테헤란로의 비즈니스 수요와 맞물려 더욱 활성화되고 있습니다. 강남역 일대 대형 오피스 빌딩 및 상업시설의 신축 및 리모델링이 꾸준히 이어지고 있습니다.

　서초동 법조타운(대법원, 대검찰청 등)은 법률 서비스 관련 업무 수요가 매우 높은 지역입니다. 테헤란로의 업무 기능이 이 지역과 연계되면서, 법률 및 회계 등 전문 서비스 산업이 더욱 고도화되고 있습니다. 또 강남역 북부 상업지역(신논현역 방면)의 재개발 추진 등을 통해 업무 및 상업 기능이 강남대로를 따라 북쪽으로도 확장될 가능성이 있습니다.

둘째, 삼성동 일대(동쪽 확산): 국제교류복합지구 조성

테헤란로 동쪽 끝에 위치한 삼성동 일대는 과거 코엑스와 무역센터가 핵심이었으나, 이제는 국제교류복합지구라는 거대한 프로젝트를 통해 강남의 새로운 중심축으로 부상하고 있습니다. 앞서 설명해 드렸듯이, 삼성역 영동대로 지하에 광역복합환승센터와 대규모 상업·문화·공공시설이 집적됩니다. 이는 단순한 교통 허브를 넘어 강남의 새로운 지하도시이자 비즈니스 거점이 될 것입니다. 테헤란로의 업무 및 상업 기능이 영동대로 지하 공간으로 확장되는 효과를 가져옵니다.

옛 한전 부지에 들어서는 GBC는 현대차그룹의 통합 사옥이자 글로벌 비즈니스 허브로, 막대한 업무 및 상업 수요를 창출합니다. 이는 테헤란로의 업무 기능을 동쪽으로 강력하게 견인하는 역할을 합니다.

또 탄천을 건너 인접한 잠실종합운동장 일대에 국제적인 스포츠·컨벤션(MICE) 복합단지가 조성됩니다. 이는 삼성동 국제교류복합지구와 시너지 효과를 창출하며, 테헤란로의 업무 및 상업 기능이 잠실까지 이어지는 '강남 동부권 벨트'를 형성하게 됩니다.

이외에도 GTX-A/C 노선이 삼성역을 경유하면서 수도권 전역에서 강남 핵심 지역으로의 접근성이 획기적으로 개선됩니다. 이는 삼성동 일대의 업무 및 상업시설에 대한 수요를 더욱 증가시켜, 테헤란로의 동쪽 확장을 가속화할 것입니다.

셋째, 경부고속도로 지하화 상부 개발: 남북 방향
확산의 연결고리이자 동서축의 확장

경부고속도로는 강남을 남북으로 단절시키는 요인이었으나, 지하화 사업을 통해 지상 공간이 공원 및 복합 용도로 개발되면, 강남의 지리적 단절이 해소되고 새로운 도시 공간이 창출됩니다. 이는 테헤란로를 중심으로 한 동서 축의 확산을 더욱 용이하게 합니다.

경부고속도로 상부 공간 개발은 서초동과 역삼동, 양재동 등 강남 남부 지역의 연결성을 강화하고, 새로운 업무 및 상업, 주거 복합 기능을 유치할 수 있는 기회를 제공합니다. 이는 테헤란로 업무 기능이 단순히 동서 방향으로만 확장되는 것을 넘어, 남북 방향의 연결성도 강화하며 입체적인 업무벨트를 형성합니다. 그야말로 서초~강남 벨트 강화라고 할 수 있죠.

이런 사업들이 완료되면 신규 업무·상업 공간이 창출됩니다. 지하화 상부 공간에 들어설 수 있는 신규 오피스 및 상업시설은 테헤란로 인근의 높은 임대료 부담을 해소하면서, 추가적인 기업 유치와 업무 기능 확대를 가능하게 할 것입니다.

종합하자면, 향후에는 강남의 새로운 도시축이 형성됩니다. 이러한 동서 방향(서초·강남역 방향, 삼성·잠실 방향)으로의 확산, 그리고 경부고속도로 지하화를 통한 남북 방향의 연결성 강화는 테헤란로가 단순히 하나의 도로가 아니라, 강남 전체를 아우르는 복합적인 비즈니스·상업·문화 축으로 진화하고 있음을 의미합니다.

과거에는 강남역~역삼역~선릉역~삼성역으로 이어지는 테헤란로변이 주된 업무·상업 밀집 지역이었다면, 이제는 삼성동의 국제교류복합지구를 중심으로 동쪽(잠실 MICE)으로의 확장이 강력하게 추진되고, 서쪽(서초 법조타운, 강남역 상권)으로의 연계도 더욱 깊어지면서, 강남의 기능적 중심이 더욱 넓은 범위로 확산되고 있는 것입니다.

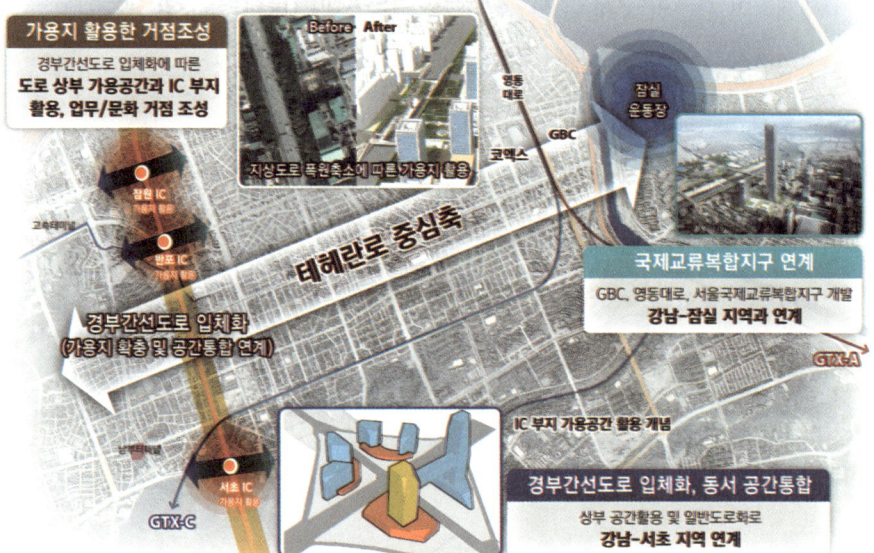

▲ 강남 일대의 핵심 개발 호재 정리

　이는 강남이 단순히 '잘 사는 동네'를 넘어 글로벌 경쟁력을 갖춘 거대 비즈니스 허브로 발돋움하는 중요한 과정이 될 것입니다.

2. 강남의 미래 가치 예상 변화

　이러한 핵심 개발 호재들이 완성되는 2030년대 중반 이후, 강남 일대는 다음과 같은 모습으로 변화하며 압도적인 미래 가치를 창출할 것입니다.

- 글로벌 비즈니스 및 MICE 허브
  영동대로 복합개발과 GBC, 잠실 MICE 단지는 강남을 아시아를 넘어 세계적인 수준의 국제 비즈니스 및 컨벤션(MICE) 산업의 허브로 성장시킬 것입니다. 글로벌 기업과 투자자, 그리고 국제적인 행사들이 모여들며 강남은 대한민국의 경제를 이끄는 핵심 동력이 될 것입니다.

• 초고속 광역교통의 심장

GTX-A, GTX-C 노선 개통은 강남을 수도권 전역과 연결하는 초고속 교통망의 중심지로 만들 것입니다. 이는 유동인구의 폭발적인 증가로 이어져 상업시설의 매출을 극대화하고, 강남 내 직주근접 수요를 더욱 강화할 것입니다.

• 고품격 주거 및 명품 라이프 스타일 중심

대규모 재건축을 통해 공급되는 신축 아파트와 고품격 주거환경은 강남의 주거 가치를 더욱 고도화할 것입니다. 압구정, 청담동 등 기존 명품 상권과 연계된 고급문화 시설 및 트렌디한 상업 공간은 강남을 최고급 라이프 스타일을 향유하는 명품 도시로 더욱 공고히 할 것입니다.

• 스마트 도시 기술의 선도 지역

첨단 기술이 집약된 복합개발 단지들은 강남을 스마트 도시 기술의 테스트베드로 만들고, 미래 도시의 모습을 선도하는 역할을 할 것입니다.

이러한 변화는 강남 일대 부동산의 '넘사벽' 수준의 자산 가치 상승을 견인할 것입니다. 단순한 주거지나 업무지구를 넘어, 혁신과 트렌드를 창조하는 글로벌 도시의 상징으로서 그 가치를 더욱 확고히 할 것입니다.

강남 일대의 핵심 투자처와 예상 가치

강남 일대의 투자 기회는 '최고'라는 수식어에 걸맞게 압도적인 가치를 지니지만, 그만큼 높은 투자 진입 장벽이 존재합니다. 각 투자자의 자금 규모와 투자 목적에 따라 적절한 선택이 필요합니다.

1. 아파트/주상복합: 강남 불패의 핵심 주거지

- 핵심 투자처
  - 재건축 초기~진행 단계 아파트: 압구정 현대아파트, 대치 은마아파트, 잠실주공5단지 등 핵심 재건축 단지의 지분 또는 저층 동(사업 진행 상황과 조합원 지위 승계 여부 등 면밀한 검토 필요).
  - 신축/준신축 아파트: 개포동, 서초동, 반포동 등 최근 재건축이 완료되거나 입주한 신축 아파트 단지(예: 개포 래미안 포레스트, 디에이치 아너힐즈, 반포 아크로리버파크 등).

- 학군 수요가 견고한 대치동 아파트: 학군 프리미엄이 확고하며, 재건축 잠재력도 높은 대치동 일대 아파트.

• 투자 포인트

- 재건축 아파트의 경우 강남의 희소성 있는 대규모 개발 기회로, 사업 진행 시 압도적인 시세차익을 기대할 수 있습니다. 특히 GBC, 영동대로, 잠실 MICE 등 주변 개발 호재와 맞물려 가치 상승이 더욱 가파를 것입니다.
- 신축/준신축 아파트는 이미 높은 가격대를 형성하고 있지만, 강남의 편리한 인프라와 교육 환경, 교통 여건을 바탕으로 꾸준한 수요가 있습니다. 개발 호재가 현실화될수록 추가적인 상승 여력을 가집니다. 학군 아파트는 안정적인 학군 수요가 강남 아파트 가격을 지지하는 강력한 요인입니다.

• 예상 가치

- 압구정 현대아파트 전용 131㎡의 경우 현재 매매가 40억~50억 원 수준(2025년 5월 기준). 재건축 완료 시 신축 가치 및 주변 개발 호재로 70억~80억 원 이상 예상(5년 내 40~60% 이상 상승 기대).
- 개포동 신축 아파트 전용 84㎡는 현재 매매가 25억~30억 원. 추가 인프라 확충 및 학군 수요 증가로 35억~40억 원 이상 예상(5년 내 20~30% 이상 상승 기대).

2. 오피스/상가: 글로벌 비즈니스 및 트렌드를 선도하는 핵심 상업지

- 핵심 투자처
  - 신규 오피스/상업시설: 영동대로 복합개발 지하상가 및 오피스, 현대차 GBC 내 상업시설 및 오피스(향후 분양 또는 임대 예정), 잠실 MICE 단지 내 신규 공급될 상업시설.
  - 기존 프라임 오피스: 테헤란로, 강남대로, 서초대로 등 핵심 업무 축의 프라임 오피스 빌딩(매매 또는 분양).
  - 핵심 상권 상가: 강남역, 삼성역, 압구정 로데오, 청담동 명품 거리, 가로수길 등 주요 상권의 상업시설(특히 꼬마빌딩, 빌딩 통매매).
  - GTX 역세권 인근 상가: 삼성역, 수서역 등 GTX 역세권 주변의 기존 상업시설 및 향후 개발될 신규 상업시설.

- 투자 포인트
  - 신규 오피스/상업시설은 GBC, 영동대로 복합개발 등 초대형 개발 호재의 직접적인 수혜를 입으며, 글로벌 비즈니스 수요와 대규모 유동인구를 바탕으로 최고 수준의 임대수익과 자산 가치 상승을 기대할 수 있습니다.
  - 기존 프라임 오피스는 대한민국 업무의 중심지로서 안정적인 기업 임차 수요와 높은 임대수익을 보장합니다. GTX 개통으로 인한 접근성 개선은 기존 오피스 빌딩의 가치까지 끌어올릴 것입니다. 핵심 상권 상가의 경우 강남의 압도적인 유동인구와 소비력을 바탕으로 높

은 매출을 기대할 수 있습니다.
- 특히 꼬마빌딩은 토지 가치 상승과 함께 임대수익을 동시에 누릴 수 있는 매력적인 투자처입니다. GTX 역세권 상가는 GTX 개통에 따른 유동인구 폭증이 역세권 상업시설의 가치를 획기적으로 높일 것입니다.

- 예상 가치
  - 강남 핵심 상권 꼬마빌딩(대지 50평 기준)의 경우 매매가 150억~300억 원 이상(위치별 편차 큼). 연 임대수익률 3%~4.5% 이상. 매매가 기준 5년 내 20~35% 이상 상승 기대.
  - 신규 오피스/상업시설 일부 호실은 연 임대수익률 4.5~6% 이상을 목표로, 매매가 기준 5년 내 30~50% 이상 상승 기대.

성공 투자를 위한 체크 포인트

1. 투자 시 고려해야 할 리스크 요인들

강남 일대 투자는 매우 매력적이지만, 그만큼 높은 가치와 함께 고려해야 할 리스크 요인들이 존재합니다. 현명한 투자자라면 다음 사항들을 충분히 인지하고 대비해야 합니다.

- 높은 투자 진입 장벽과 변동성

강남은 서울에서도 가장 높은 부동산 가격을 형성하고 있어, 투자에 필요한 초기 자본이 매우 큽니다. 또한, 대규모 개발 호재와 시장 상황에 따라 가격 변동성이 높을 수 있으므로, 충분한 자금 계획 없이 무리한 투자는 지양해야 합니다.

- 대규모 개발 사업의 장기화 리스크

영동대로 복합개발, GBC, 잠실 MICE 등 초대형 프로젝트는 인허가,

공사 난이도, 자금 조달 등 다양한 변수로 인해 사업 추진이 예상보다 지연되거나 계획이 변경될 가능성이 있습니다. 이는 투자 수익 실현 시점과 최종 수익률에 직접적인 영향을 미칠 수 있습니다.

- 재건축 사업의 복잡성 및 규제

    강남 재건축은 높은 사업성을 지니지만, 복잡한 조합 운영, 정부 규제 변화(초과이익환수제, 안전진단 등), 용적률 및 층고 제한 등으로 인해 사업 진행에 어려움이 있을 수 있습니다. 투자 전 해당 단지의 사업 진행 단계와 리스크를 꼼꼼히 분석해야 합니다.

- 세금 문제에 대한 철저한 사전 검토

    고액의 자산에 대한 투자이므로, 양도소득세, 종합부동산세, 증여세 등 세금 문제는 미리 대비해야 합니다. 특히 다주택자 규제 및 투기과열지구 지정 여부에 따른 세금 부담을 고려해야 합니다.

- 정보의 불균형 해소 노력

    대규모 개발 프로젝트는 일반인에게 알려지지 않은 정보가 많을 수 있습니다. 정확한 정보를 얻기 위해 서울시, 관련 공사, 건설사 등 공식 기관의 발표 자료를 꾸준히 확인하고, 신뢰할 수 있는 전문가의 자문을 구해야 합니다.

- 장기적인 관점 유지

    강남은 단기적인 시세차익보다는 '글로벌 비즈니스 혁신 거점'으로의 변화라는 큰 틀을 보고 최소 5~10년 이상의 장기적인 관점에서 접근하기를 권합니다.

2. 투자 전 알아 두면 좋은 Q&A

Q. 서울에서 가장 비싼 아파트는? 그 이유는 무엇인가요?

A. 2025년 6월 현재, '아실'에서 발표한 최고가 아파트 1~15위까지 순위입니다. 최고가 아파트 상위권의 대부분을 강남권 단지들이 차지하고 있는 것은 당연하면서도 주목할 만한 현상입니다.

【 서울에서 가장 비싼 아파트 TOP 15 】

순위	아파트명	위치	가격	평수	입주 시기
1	아크로서울포레스트	성동구 성수동	187억 원	75평	2021년
2	현대6·7차	강남구 압구정동	130.5억 원	80평	1979년
3	나인원한남	용산구 한남동	130억 원	75평	2019년
4	효성빌라청담101	강남구 청담동	113억 원	78평	2019년
5	현대1·2차	강남구 압구정동	105억 원	64평	1976년
6	신현대(현대9·11·12차)	강남구 압구정동	103억 원	61평	1982년
7	갤러리아포레	성동구 성수동	90억 원	80평	2011년
8	한양4차	강남구 압구정동	88.7억 원	68평	1978년
9	한양8차	강남구 압구정동	82억 원	63평	1984년
10	타워팰리스1차	강남구 도곡동	82억 원	99평	2002년
11	현대8차	강남구 압구정동	75억 원	53평	1981년
12	한양2차	강남구 압구정동	75억 원	58평	1978년
13	현대4차	강남구 압구정동	75억 원	42평	1977년

| 14 | 트리마제 | 성동구 성수동 | 74억 원 | 56평 | 2017년 |
| 15 | 한보미도맨션1 · 2차 | 강남구 대치동 | 70억 원 | 65평 | 1983년 |

이들 최고가 아파트의 특징과 이유는 몇 가지 측면에서 유추할 수 있겠습니다.

- **초고급 입지(한강변, 강남/용산)**
  - 한강 영구 조망권: 한강변에 위치하여 탁 트인 한강 조망을 영구적으로 누릴 수 있다는 점이 압도적인 가치를 형성합니다.
  - 강남/용산의 핵심 입지: 대한민국 최고 부촌으로 꼽히는 강남구 청담동, 용산구 한남동에 위치하여 이미 뛰어난 생활 인프라, 고급 상업시설, 명문 학군(강남의 경우) 등을 갖추고 있습니다.

- **하이엔드 주거 상품**
  - 압도적인 희소성: 대부분의 단지가 수십 세대 규모의 적은 세대수로 구성되어 희소성이 매우 높습니다. 공급이 제한적일수록 가치는 더욱 높아집니다.
  - 철저한 보안 및 프라이버시: 유명 인사들이 주로 거주하는 만큼, 철저한 보안 시스템과 사생활 보호에 중점을 둔 설계가 적용됩니다.

- **높은 사회적 지위의 상징성**
  - 단순한 주거 공간을 넘어, 이 아파트에 거주한다는 것이 곧 최상위 계층임을 나타내는 상징적인 의미를 가집니다. 이는 주거 선택에 있

어 단순한 효용성을 넘어선 '명예 가치'를 제공합니다.
- 유명 연예인, 기업인, 사회 고위층 등 '셀럽'들의 거주가 알려지면서 더욱 유명세와 가치를 높이는 경향도 있습니다.

- 자산가들의 '똘똘한 한 채' 선호
  - 부동산 시장의 불확실성이 커질 때나, 다주택자 규제가 강화될 때 오히려 자산가들은 '똘똘한 한 채'에 투자하려는 경향이 강해집니다.
  - 최고가 아파트들은 자산 방어 및 증식의 수단으로 인식됩니다.

심층 투자 전략 : '용적이양제', 서울 부동산의 새로운 기회를 열다

'용적이양제'를 아시나요?

서울시는 2025년 2월에 지속 가능한 도시 미래를 열어 줄 '용적이양제'를 국내에 첫 도입한다고 밝혔습니다. 이 제도를 쉽게 설명하면, 개발이 어려운 지역이 가지고 있는 '남는 용적률'을 다른 지역에 넘겨줄 수 있도록 하여, 두 지역 모두 이득을 볼 수 있도록 하는 제도를 말합니다. 이 제도의 핵심은 어떤 지역이 '용적률을 다른 곳에 넘겨줄 수 있는 지역(양도지역)'이 될 수 있느냐를 정하는 것입니다. '용적률'이란 건축물이 지을 수 있는 최대 용적(건물 전체 연면적)입니다.

예를 들어 어떤 지역은 문화재 주변, 비행장 활주로나 군사보호시설 근처라서 건물 높이에 제한이 있는 지역이라고 가정해 봅시다. 이런 지역의 땅은 높은 건물을 짓지 못해 개발이 막히게 되고, 오래된 건물이 많아 재개발하려 해도 수익이 나질 않아 사업 자체가 어려운 경우가 대부분입니다. 그래서 서울시는 이런 규제가 풀리지 않을 가능성이 큰 지역들(예: 문화재 근처, 비행장 근처, 장애물 표면 제한구역 등)을 '양도지역'으로 지정하려는 것입니다.

여기에서 '용적이양제'의 주요 골자는, 양도지역이 못 쓰고 남긴 용적률을, 개발이 가능한 지역(예: 도심 개발지역)에서 돈을 주고 사서 더 많은 용적률로 건물을 짓게 하자는 것입니다.

선진 외국의 사례를 살펴볼 필요가 있습니다. 뉴욕 '원 밴더빌트(One Vanderbilt)'는 인근 그랜드 센트럴 터미널과 바워리 세이빙 빌딩(Bowery Saving Building)의 용적률을 이전받아 초고층 빌딩(93층, 약 3,000%)으로 개발됐으며, 도쿄 마루노우치에 위치한 신마루노우치빌딩(38층, 약 1,760%), 그랑도쿄(43층, 약 1,300%) 등 6개 빌딩도 문화재로 지정돼 있는 '도쿄역'의 용적률을 사들여 고층으로 올렸습니다.

그렇다면 이 제도가 부동산 투자자들에게는 어떤 의미일까요?

지금까지는 규제에 묶여 재산권 행사가 어려웠던 '천덕꾸러기' 땅이 이제부터는 제값 받고 '팔 수 있는' 부동산이 된다는 것을 의미합니다. 새로운 패러다임의 변화입니다. 아래 표는 서울에서 실제 양도지역으로 지정 가능성이 높은 대표적인 곳입니다.

【 서울에서 양도지역으로 지정될 가능성이 높은 지역 】

지역	주요 제한 사유	양도 사유
북촌(종로구)	고궁 주변 고도 제한, 한옥 보존	용적 미사용, 정비 어려움
성북동	문화재 주변, 개발 규제	공공지원도 제한적
방화 · 공항동(강서구)	김포공항 고도 제한	2~3층 이상 불가
암사동(강동구)	선사유적지 보호, 한강변 제한	개발 실익 없음
북한산 주변(은평구)	경사도 제한, 보전지구	건축 불가 또는 극히 제한

왜, 양도지역의 부동산 가치가 오를까요?

- 쓸모없던 권리가 돈이 되기 때문
  - 지금까지는 용적률을 제대로 못 써서 사실상 쓸모없는 땅이나 다름 없던 곳입니다.
  - 앞으로 이 제도가 시행되면, 남는 용적률(건축권)을 돈 받고 팔 수 있게 됩니다.
  - ▷ 이 말은 곧, 그 땅의 숨겨진 자산 가치가 실현된다는 뜻입니다.

- 현금화 가능한 '권리'가 생김
  - 기존에는 개발도 안 되고, 임대수익도 낮고, 매각도 어려웠던 '묶인 땅'이었습니다.
  - 이젠 용적률을 넘겨주고 그만큼 대가를 받게 되므로, 소유주에게 실익이 생깁니다.
  - ▷ 부동산 시장에서는 이런 '현금흐름이 생기는 자산'을 더 높게 평가합니다.

- 정책적인 관심과 공공지원의 가능성 확대
  - 양도지역으로 지정되면 해당 지역에 보존 · 관리 · 활용이라는 공공 목적이 부여됩니다.
  - 서울시가 이후에 한옥 리모델링 지원, 기반시설 정비, 문화 콘텐츠 개발 등 부가적인 지원정책을 붙일 가능성도 높아집니다.
  - ▷ 이럴 경우, 부동산의 장기적 가치가 추가 상승할 수 있습니다.

그렇다면 현재 북촌 한옥마을을 예로 들어 설명해 보겠습니다.

【 북촌마을의 토지이용 특징 】

항목	내용
위치	종로구 가회동 · 계동 일대(창덕궁 북쪽)
평균 단독주택 가격	3.5~10억 원 이상(필지 위치, 한옥 여부에 따라 격차 큼)
특징	고도 제한, 문화재 보호구역, 한옥 보존 의무
용적률 활용	실질적으로 30~50%도 못 쓰는 필지 많음
개발 가능성	신축/재건축 거의 불가능, 한옥 리모델링도 심의 필요

다음을 전제로 가치 상승을 추정할 수 있겠습니다.

- 용적률 150%가 법적으로 가능한 지역인데, 현재는 고도 제한 때문에 50%만 활용 중이라고 가정
- 남은 100% 용적률을 3.3㎡당 100만~200만 원 수준으로 이양할 수 있다고 가정
- 한 필지당 남은 용적률 면적: 약 50평(165㎡ × 100%)

【 북촌마을의 가치 상승치 예상 】

항목	계산	금액
남은 용적률 면적	165㎡	약 50평
3.3㎡당 이양 단가	100만 원	
이양 가능 총액	50평 × 100만 원	5억 원

즉, 지금까지 5억 원의 숨겨진 가치가 평가에서 제외되어 있었는데, 이

젠 이를 '현금화 가능한 자산'으로 시장에서 인정받게 됩니다. 양도지역의 부동산 가격은 제도가 본격 시행되고, 실제 거래가 가능한 체계가 마련된 뒤에는 본격적으로 상승할 가능성이 큽니다. 즉, 2026년쯤부터 기대감 반영 → '본격 상승세 진입'이라는 흐름을 예상할 수 있습니다.

여의도 · 영등포

: 금융 · 방송 넘어 서남부 미래 성장 거점으로

여의도·영등포의 가치:
서울의 금융 심장, 미래형 복합도시로 도약

서울의 금융 심장이자 서남부 관문인 여의도와 영등포가 미래형 복합도시로 도약하고 있습니다. 두 지역은 한강이라는 물리적 경계를 넘어 상호 보완적인 관계를 맺으며 서울 서남부의 중추적인 기능을 담당하고 있습니다. 최근 서울시 도시계획에서 이 지역은 '수변 중심의 국제 금융·전략 거점'이자 '서남권 광역중심'으로서의 위상을 더욱 강화하는 비전을 제시받고 있습니다.

현재 진행 중인 여의도 금융 중심지 육성(초고층 스카이라인 변화), 제2세종문화회관 건립, 영등포 쪽방촌 정비사업, 여의도 아파트 재건축 등의 핵심 프로젝트들은 이 지역의 경쟁력을 한 단계 더 끌어올릴 것입니다.

특히 신림선 경전철, 서부선 경전철(예정), 수도권광역급행철도(GTX-B 노선)의 여의도 경유는 서울을 넘어 수도권 전체와의 연결성을 획기적으로 개선하며, 여의도·영등포의 입지 가치를 더욱 공고히 할 것입니다.

여의도가 국제 금융 허브로서의 기능을 강화하고, 영등포가 주거 및 상업 환경을 개선하며 고도화됨에 따라, 이 지역은 명실상부 서울 서남부의 미래형 복합도시이자 핵심 투자처로 주목받고 있습니다.

핵심 개발 호재와 예상 변화

1. 여의도·영등포 일대의 핵심 개발 호재

여의도·영등포는 이미 서울의 중요한 기능을 담당하지만, 현재 진행 중이거나 예정된 개발 호재들은 그 기능을 더욱 고도화하고 새로운 가치를 창출할 것입니다.

- 여의도 금융 중심지 육성 및 스카이라인 변화 : 국제 금융 허브로의 도약

여의도를 명실상부한 국제 금융 중심지(IFC)로 육성하기 위한 정책적 지원과 함께 용적률 상향, 층고 제한 완화 등을 통해 초고층 빌딩 건립을 유도하여 금융 오피스 및 주상복합의 스카이라인을 변화시키는 사업입니다.

서울시는 여의도를 용산 국제업무지구와 함께 서울의 핵심 금융 거점으로 육성할 계획입니다. 일반상업지역의 용적률은 최대 1,200%까지, 제3종 일반주거지역의 용적률은 최대 500%까지 상향이 논의되고 있습니다.

또한 금융 특정 개발진흥지구, 규제자유특구 등 지정을 통해 세제 혜택, 인허가 절차 간소화 등 실질적인 지원을 제공하여 기업 유치에 힘쓸 예정입니다.

이러한 여의도 금융 중심지 육성은 고부가가치 금융 산업 생태계를 더욱 공고히 하고, 글로벌 금융 기업 유치를 통해 대한민국 금융 경쟁력을 강화할 것입니다.

• 제2세종문화회관(여의도 공원 내) 건립: 서울의 새로운 문화 랜드마크

여의도 공원 내에 지하 4층, 지상 2층, 연면적 34,000㎡ 규모의 제2세종문화회관을 건립하는 사업입니다. 2,000석 규모의 대형 공연장 등이 들어설 예정이며, 현재 설계 공모를 마치고 2025년 하반기 착공, 2028년 완공을 목표로 합니다. 제2세종문화회관은 여의도를 서울의 새로운 문화 랜드마크로 만들고, 시민들의 문화 향유 기회를 획기적으로 확대할 것입니

▲ 여의도 '제2세종문화회관' 디자인 당선작

다. 대규모 공연 및 전시 개최를 통해 유동인구를 크게 늘리고 주변 상업 시설 및 외식 산업을 활성화할 것입니다.

- **영등포 쪽방촌 정비사업: 낙후된 주거환경 개선 및 새로운 주거·업무 공간 조성**

  영등포역 인근의 낙후된 쪽방촌(약 16,000㎡)을 정비하여 공공임대주택, 주상복합, 업무시설, 상업시설 등이 결합된 복합단지로 재개발하는 사업입니다. 기존 쪽방촌 주민들의 주거 안정을 도모하면서, 영등포역 일대의 도시환경이 획기적으로 개선될 예정입니다. 2029년 입주가 완료되면 예전의 '허름하고 우중충한' 모습은 옛말이 될 것입니다. 영등포 쪽방촌 정비사업은 낙후된 영등포역 일대의 이미지를 근본적으로 개선하고, 주거환경의 질을 획기적으로 향상시킬 것으로 예상됩니다.

- **여의도 아파트 재건축 가속화: 노후 주거지의 명품 주거타운 변모**

  여의도 내 대규모 노후 아파트 단지들(시범, 한양, 삼부, 광장, 수정 등)의 재건축이 활발히 추진 중입니다. 서울시의 '신속통합기획' 도입과 용적률, 층고 제한 완화 등의 정책적 지원에 힘입어 사업 추진 속도가 빨라지고 있습니다. 일부 단지는 최고 65층 내외의 초고층 재건축이 되면서 여의도의 스카이라인을 완전히 변화시킬 전망입니다. 여의도 아파트 재건축은 여의도의 주거환경을 혁신적으로 개선하고, 신축 고급 주거 공간의 공급을 통해 부동산 가치를 재조정할 것입니다.

• GTX-B 노선 및 경전철 서부선 확충: 사통팔달 광역교통망 구축

　여의도와 영등포 일대에는 현재 운행 중이거나 건설 예정인 다양한 철도 노선들이 강남, 서울 도심을 넘어 수도권 서남부 및 동북부까지 연결하며 교통의 요충지 역할을 강화하고 있습니다. 2031년 개통 예정인 GTX-B 노선은 인천 송도에서 여의도, 서울역, 청량리를 거쳐 남양주 마석까지 이어지는 노선으로, 여의도역을 경유합니다. 새절역에서 서울대

▲ [경전철 서부선 노선도] 새절역과 서울대입구역을 잇는 서부선 경전철이 개통되면 서울 서부권의 여의도 접근성이 한층 좋아지게 된다.

입구역을 잇는 서부선 경전철도 여의도 주요 지역을 경유하는데, 2026년 착공을 앞두고 있습니다.

- **국제적 수준의 매력적인 도심 환경 및 서남권 생활 · 문화 중심지 조성**

  여의도와 용산을 연계하여 한강 중심의 글로벌 혁신 코어를 조성하고, 샛강과 올림픽대로의 입체적 활용으로 상부 가용 공간을 확보하여 영등포와 연계한 대중교통 중심의 순환 체계를 구축합니다. 여의도 배후 지원을 위한 노량진 가용지 및 미·저이용 부지의 전략적 활용을 검토하며, 문화·여가 기능 및 공원·녹지를 확충하고 수변 경관 및 공공 공간 네트워크 접근성을 개선하는 포괄적인 계획입니다.

첫째, 여의도~용산 연계

한강을 중심으로 여의도 금융 지구와 용산 국제업무지구 간의 시너지를 극대화하는 방안을 모색하여 서울의 핵심적인 글로벌 비즈니스 벨트를 구축합니다.

둘째, 샛강 및 올림픽대로 활용

샛강 주변을 정비하고, 올림픽대로 상부 공간을 복합 용도로 활용하여 여의도와 영등포를 잇는 새로운 연결 축을 만듭니다. 이를 통해 여의도와 영등포 간 보행 및 생활권 연계를 강화합니다.

셋째, 노량진 전략적 활용

노량진 일대의 가용 부지 및 저이용 부지(예: 노량진 수산시장 이전 부지,

수도자재센터 등)를 여의도의 배후 주거·상업·문화 공간으로 개발하여 여의도 금융 중심지의 기능을 지원하고, 서남권 전체의 활력을 높입니다.

넷째, 수변 접근성 개선

한강과 샛강, 도림천 등 수변 공간에 대한 접근성을 높이고, 문화·여가시설 및 공원·녹지를 확충합니다. 서울시의 정책 가운데 가장 속도를 내는 분야가 바로 수변 중심 공간 재편입니다. 이러한 복합적인 계획들은 여의도·영등포를 한강을 중심으로 한 서울의 새로운 성장축으로 만들 것입니다.

2. 여의도·영등포 일대의 미래 가치 예상 변화

이 같은 핵심 개발 호재들이 완성되는 2030년대 중반 이후, 여의도·영등포 일대는 국제 금융 허브이자 서남부 복합 중심도시 모습으로 변화하며 압도적인 미래 가치를 창출할 것입니다.

- 글로벌 국제 금융 허브로의 도약

초고층 스카이라인과 최첨단 금융 인프라를 갖춘 여의도는 홍콩, 싱가포르와 같은 국제적인 금융 중심지로 확고히 자리매김할 것입니다.

- 수변 문화 및 비즈니스 랜드마크

제2세종문화회관, 한강변과 연계된 문화시설 확충은 여의도를 한강변의 대표적인 문화 · 비즈니스 랜드마크로 만들 것입니다.

• 영등포 쪽방촌 정비사업과 여의도 재건축

낙후된 지역의 주거환경 개선과 최고급 주거단지 및 효율적인 업무 · 상업시설을 공급하여 서남부의 중심 복합도시로서 위상을 강화할 것입니다.

• GTX-B와 경전철 서부선 노선 확충

여의도 · 영등포를 서울 및 수도권 전역과 연결하는 교통의 핵심 허브로 만들 것입니다.

여의도·영등포 일대의 핵심 투자처와 예상 가치

여의도·영등포 일대의 투자 기회는 명확한 개발 방향과 높은 성장 잠재력을 가지고 있습니다. 각 투자자의 자금 규모와 투자 목적에 따라 적절한 선택을 할 경우 성공이 보장되는 곳입니다.

1. 아파트/주상복합: 재건축 프리미엄과 고급 주거 수요

- 핵심 투자처
    - 시범, 한양, 삼부, 광장, 수정 아파트 등 재건축 초기~진행 단계 단지.
    - 영등포 뉴타운, 문래동, 신길동 등 재개발/재건축이 활발히 진행되거나 완료된 신축 단지.
    - 여의도 파크원, 롯데캐슬 아이비 등 이미 입주한 고급 주상복합 단지.

- 예상 수익률
  - 여의도 재건축 아파트(시범아파트 전용 118㎡ 기준)의 경우 현재 매매가 25~30억 원 수준(2025년 5월 기준). 재건축 완료 시 신축 가치 및 주변 개발 호재로 40~50억 원 이상 예상(5년 내 40~70% 이상 상승 기대).
  - 영등포 신축 아파트(전용 84㎡ 기준)는 현재 매매가 10~15억 원. 추가 인프라 확충 및 주거환경 개선으로 15억~20억 원 이상 예상(5년 내 20~40% 이상 상승 기대).

2. 오피스/상가: 국제 금융 업무 수요와 유동인구 증가의 수혜

- 핵심 투자처
  - 파크원(여의도 IFC 인근), 국제금융센터(IFC) 내 상업시설 등 신축 또는 리모델링된 오피스 빌딩 및 상업시설.
  - 쪽방촌 정비사업을 통해 새롭게 공급될 업무 및 상업시설, 더임스퀘어 등 주요 상업시설 인근.
  - GTX 역세권 인근 상가(여의도역 GTX-B 인근 기존 및 향후 개발될 신규 상업시설).

- 예상 수익률
  - 여의도 금융가 프라임 오피스의 경우, 연 임대수익률 4~5.5% 이상 목표. 매매가 기준 5년 내 25~40% 이상 상승 기대.

- 영등포역 주변 신규 상업시설의 경우, 연 임대수익률 4.5~6% 이상 목표. 매매가 기준 5년 내 20~35% 이상 상승 기대.

3. 오피스텔 / 지식산업센터: 1인 가구 및 중소기업 업무 수요 흡수

- 핵심 투자처
  - 금융 종사자, 1인 가구 및 직장인 수요가 풍부한 지역의 오피스텔, 도시형 생활주택.
  - 영등포 일대의 지식산업센터 단지(문래동, 양평동 등).

- 예상 수익률
  - 여의도 소형 오피스텔/도시형 생활주택(전용 20㎡ 기준)의 경우, 현재 매매가 2.5~4억 원 수준. 연 임대수익률 4.5~5.5% 이상. 매매가 기준 5년 내 15~25% 이상 상승 기대.

성공 투자를 위한 체크 포인트

1. 투자 시 고려해야 할 리스크 요인들

여의도·영등포 일대 투자는 높은 잠재력을 지니지만, 대규모 공공 주도 사업은 인허가 및 주민 이주 문제로 인해 지연될 가능성도 있어 주의가 요구됩니다.

• 재건축 사업의 복잡성 및 규제
여의도 재건축은 사업성이 높지만, 대규모 단지가 많고 조합원 간 이해관계가 복잡하며 정부 규제 변화에 민감하게 반응할 수 있습니다. 사업 진행 단계와 리스크를 철저히 분석해야 합니다.

• 구도심 이미지 탈피 시간 소요
영등포역 주변은 과거의 낙후된 이미지가 남아 있어, 개발이 완료되기 전까지는 단기적인 평가가 낮을 수 있어 장기적인 관점에서 접근하는 것이 바람직합니다. 하지만 이를 역으로 생각하면 미래 가치가 큰 '금싸라기 땅'이라고도 볼 수 있습니다.

- 지하철 노선 개통 시기 및 파급 효과

　서부선 경전철, 신안산선 등 교통 호재는 개통 시점에 따라 파급 효과가 달라질 수 있기 때문에 착공과 개통 시기를 명확히 확인해야 합니다(실제로 신안산선은 예상치 못한 터널 붕괴 사고로 개통이 지연됨).

- 장기적인 관점 유지

　여의도·영등포는 단기적인 시세차익보다는 '국제금융 허브'이자 '미래형 복합도시'로의 변화라는 큰 그림을 보고 장기적인 관점에서 접근하는 것이 바람직합니다.

2. 투자 전 알아 두면 좋은 Q&A

　Q. 서울 강남 3구(강남, 서초, 송파) 외 지역 중 향후 투자 가치가 높을 만한 곳은 어디일까요?

　A. 서울 강남 3구는 여전히 압도적인 선호도를 자랑하지만, 진입 장벽이 매우 높습니다. 따라서 강남 3구 외 지역 중 향후 투자 가치가 높을 만한 곳을 찾는 것이 현명한 투자 전략이 될 수 있습니다. 이러한 지역들은 교통망 개선, 대규모 개발 호재, 그리고 주거환경 개선이라는 공통점을 가집니다.

- 마포구(특히 마포·공덕 일대)

  이미 뛰어난 교통의 요지(지하철 5·6호선, 공항철도, 경의중앙선 등 다수의 노선 통과)이며, 여의도 및 광화문 접근성이 매우 우수합니다. 한강변을 끼고 있어 주거 쾌적성도 높습니다. 앞으로 여의도 국제금융지구와의 연계성이 더욱 강화되고, 서강대교 북단 등 추가적인 개발 가능성이 남아 있습니다.

- 용산구(특히 용산 국제업무지구 및 용산공원 인근)

  서울의 '허브'이자 미래 핵심 거점으로, 용산 국제업무지구 개발과 용산공원 조성이라는 초대형 호재가 진행 중입니다. 한강 조망권, 서울역 및 용산역을 통한 교통의 중심지라는 입지적 강점을 지닙니다.

- 성동구(특히 성수동, 옥수동, 금호동)

  한강변에 위치하고 있으며 강남 접근성이 뛰어납니다. 특히 성수동은 젊은 층이 선호하는 문화 예술 상권과 첨단 IT 기업들이 입주하면서 '한국의 브루클린'으로 불리며 가치가 급부상했습니다.

- 영등포구(특히 여의도 및 신길동 일대)

  여의도는 국제금융지구라는 특수성을 가지며, 지하철 노선이 다양하고 올림픽대로, 강변북로 접근성이 뛰어납니다. 신길동은 대규모 뉴타운 개발을 통해 신축 아파트 타운으로 변모했습니다.

- **동작구(특히 노량진, 흑석동 일대)**

 강남과 여의도, 용산 접근성이 모두 우수하며, 한강변과 맞닿아 있어 주거 쾌적성이 높습니다. 노량진 뉴타운, 흑석 뉴타운 등 대규모 정비사업이 진행되면서 신축 아파트 공급이 활발하게 이루어지고 있습니다.

심층 투자 전략 ①
'물세권'의 중요성

물세권이 중요한 이유

부동산 시장에서 '역세권', '학세권', '숲세권'과 더불어 최근 가장 주목받고 있는 개념은 바로 '물세권'입니다. 물세권은 바다, 강, 호수, 개천 등 수변 공간을 가까이에서 누릴 수 있는 권리를 의미하며, 단순한 조망을 넘어 삶의 질을 높이고 부동산 가치를 결정하는 핵심 요소로 부상하고 있습니다.

물세권이 중요한 이유는 압도적인 조망권과 희소성에 있습니다. 특히 도시 한가운데에서 물을 바라볼 수 있는 조망권은 시간이 지날수록 그 가치가 상승합니다. 서울 '한강 뷰' 아파트가 높은 프리미엄을 형성하는 것도 탁 트인 시야, 심리적 만족감, 그리고 최상위 라이프 스타일을 상징하기 때문입니다.

서울시의 수변 공간 정비 재생 프로젝트

서울시는 서울 전역에 흐르는 수변 잠재력 발굴에 힘을 쏟고 있습니다.

한강뿐만 아니라 홍제천, 중랑천, 안양천, 탄천 등 4대 지천과 함께 지류 및 소하천 개발에도 적극적입니다.

• 한강 수변문화 네트워크 구축

한강은 업무·상업·관광의 중심으로 자리매김하여 싱가포르를 연상시키는 수변 도시로 발전할 것입니다.

• 4대 지천 수변 여가 공간 특성화

지역중심인 4대 지천은 수변 특화 거점 개발 및 배후 주거지 접근성 강화로 활성화됩니다.

• 소하천·지류, 일상 속 수변공간 재탄생

동네 중심의 소하천과 지류는 수변 테라스 카페와 쉼터, 공연 활동 등을 즐길 수 있는 일상 속 수변 공간으로 거듭납니다.

부동산 투자에서 절대불변의 진리 '물세권 = 돈'

오염되거나 낙후되었던 수변 공간을 정비하고 재생하는 프로젝트는 주변 지역 전체의 도시 미관을 개선하고 새로운 활력을 불어넣는 촉매제 역할을 합니다. 현재 영등포 산업지역 재생 계획에서 안양천과 도림천 연계가 강조되는 것처럼, 하천 재생은 주변 산업 및 주거지역의 환경 개선과 가치 상승에 결정적인 영향을 미칩니다.

이제 수변은 도심의 '주변'이 아닌 '중심'으로 바뀌고 있습니다. 깔끔하게 꾸며진 하천을 바라보고 활용하는 권리 자체가 돈이 되는 시대입니다.

'물세권 = 돈'. 이 공식은 부동산 투자에서 절대불변의 진리입니다. 성공 투자를 위해서는 지금 바로 '물세권'을 선점해야 합니다.

심층 투자 전략 ②
한강 중심 글로벌 혁신코어 조성

▲ 서울시 공간 혁신 프로젝트 '한강 중심 글로벌 혁신코어' 조성도

위의 그림을 자세히 살펴볼까요. 여의도와 용산 연계를 통한 '한강 중심 글로벌 혁신코어' 조성은 서울시가 추진하는 공간 혁신 프로젝트로, 한강을 중심으로 여의도와 용산 지역의 잠재력을 극대화하여 국제적인 경쟁력을 갖춘 혁신 거점을 만들겠다는 구상입니다. 이 사업 구상의 목표는 글로

벌 혁신 거점 조성, 균형 발전 및 상생, 매력적인 수변 도시 구현, 미래 성장 동력 확보에 있습니다. 이를 뒷받침하기 위한 주요 사업은 다음과 같습니다.

- 여의도 국제금융특구 조성

  금융 허브 강화, 업무 및 MICE 기능 확장, 주거 및 문화 기능 도입, 한강 접근성 개선.

- 용산 국제업무지구 재개발

  초고층 복합 단지 조성, 스마트시티 기술 접목, 녹지 및 오픈 스페이스 확보, 교통 인프라 개선.

- 한강 중심의 연계 강화

  수변 공간 활용 극대화, 보행 및 자전거 도로 연계, 수상 교통 활성화, 친환경적 개발.

'한강 중심 글로벌 혁신코어' 조성 사업은 기존 서울 도심인 여의도와 신흥 강자로 떠오른 용산, 그리고 여의도의 배후 지역인 노량진이 한 몸으로 묶여 개발됨으로써 서울의 미래를 결정할 중요한 프로젝트 중 하나입니다. 이곳은 여의도 기능 고도화 + 샛강과 올림픽대로 입체적 활용 + 노들섬(글로벌 예술섬) 개발 + 노량진 가용지 활용 + 용산과 여의도 기능 연계 등으로 폭발적인 공간 변화가 점쳐집니다. 그래서 이곳은 큰손들의 가장 '핫한' 투자지입니다.

용산

: 서울의 심장, 글로벌 비즈니스·문화 허브로 도약

용산의 가치:
역사와 미래 공존, 잠재력 넘치는 도시재생의 현장

용산은 서울의 한가운데 위치하며 과거부터 현재까지 대한민국의 중요한 역사와 변화를 함께해 온 지역입니다. 한강을 북쪽에 두고 남산과 인접한 지리적 이점, 그리고 군부대 이전이라는 대규모 개발 잠재력으로 인해 서울의 어떤 지역보다도 폭발적인 변화가 기대되는 곳입니다.

과거에는 미군 기지와 낙후된 상업지역, 그리고 일부 고급 주거지가 혼재된 지역이었으나, 현재는 '글로벌 국제업무지구'와 '용산공원'이라는 거대한 그림 아래 서울의 새로운 중심이자 대한민국의 미래를 이끌어 갈 핵심 거점으로 주목받고 있습니다.

'2040 서울도시기본계획'에서도 용산은 '서울의 중심지이자 국가 상징성 거점'으로 위상이 격상되었으며, 미래 업무 · 상업 · 문화 · 주거 복합도시로의 비전을 제시받고 있습니다. 현재 진행 중인 용산 국제업무지구 개발, 용산공원 조성, 용산역세권 개발, 용산정비창 부지 개발 등은 용산의 경쟁력을 한 단계 더 끌어올릴 대한민국 역대급 프로젝트들입니다.

특히 수도권광역급행철도(GTX-B 노선)의 용산역 경유는 서울을 넘어 수도권 전체와의 연결성을 획기적으로 개선하며, 용산의 입지 가치를 더욱 공고히 할 것입니다. 이처럼 용산은 물리적인 변화뿐 아니라, 대한민국의 새로운 중심이라는 상징성까지 더해져 명실상부 서울의 미래형 복합도시이자 압도적인 핵심 투자처로 주목받고 있습니다.

핵심 개발 호재와 예상 변화

1. 용산의 핵심 개발 호재

용산은 이미 서울의 중요한 기능을 담당하지만, 현재 진행 중이거나 예정된 개발 호재들은 그 기능을 더욱 고도화하고, 새로운 가치를 창출할 것입니다. 변화의 바람은 시작되었습니다.

- 용산 국제업무지구 개발: 서울의 새로운 글로벌 비즈니스 심장부

용산역 서측에 위치한 용산정비창 부지(약 50만㎡, 여의도 면적의 3분의 2)를 개발하여 업무, 상업, 주거, 문화, 숙박시설이 어우러진 복합 국제업무지구를 조성하는 사업입니다. 서울시는 이곳을 '초고층 랜드마크 빌딩'을 중심으로 한 '입체적 도시 공간'으로 만들고, 2030년대 중반까지 완공한다는 계획을 세워 놓고 있습니다. 특히 국제업무지구는 고밀도 개발을 통해 금융, IT, 서비스 등 다양한 글로벌 기업을 유치할 예정입니다.

교통 인프라 측면에서는 GTX-B 노선과 신분당선이 추가되고, 기존

경의중앙선과 1호선 등의 복합 환승 기능이 강화되면서 최고의 교통 접근성이 확보됩니다. 용산 국제업무지구는 서울의 새로운 랜드마크이자 글로벌 비즈니스 허브로 기능하며, 용산 전체 부동산 시장에 막대한 파급 효과를 가져올 것입니다.

▲ 서울역 북부역세권 사업과 함께 진행되는 인근의 개발 사업지 현황

- 용산공원 조성: 뉴욕 센트럴파크와 맞먹는 위력, 대한민국에 없는 압도적인 규모의 녹지 혁명

용산공원(약 300만㎡)은 과거 미군기지를 반환받아 대규모 생태공원으로 조성하는 사업입니다. 이는 뉴욕 맨해튼의 센트럴파크(약 340만㎡)의 약 88%에 달하는 규모이자, 서울 여의도 면적과 엇비슷합니다. 현재까지 한국의 그 어떤 도심공원도 이 정도의 매머드급 규모를 가지고 있지 않습니

다. 2005년부터 사업이 본격적으로 추진되었으며, 2027년까지 1단계 부분 개방을 목표로 합니다.

　용산공원은 서울 도심 한복판에 조성되는 압도적인 규모의 친환경 녹지 공간으로서, 도시의 허파 역할을 수행하며 그 희소성만으로도 독보적인 가치를 지닙니다. 뉴욕 센트럴파크 주변의 부동산 가치가 세계 최고 수준인 것을 상기하면, 용산공원 조성은 주변 지역의 쾌적성을 극대화하고, 용산 부동산의 프리미엄을 상상 이상으로 끌어올리는 가장 강력하고 지속적인 요인이 될 것입니다.

▲ 용산공원은 뉴욕 센트럴파크와 맞먹는 크기의 공원으로, 서울의 부동산 지형을 완전히 바꾸어 놓을 것으로 전망된다.

- 용산역세권 개발 및 용산역 주변 정비: 교통 허브이자 복합 상업·문화 중심지

  용산역을 중심으로 주변의 노후화된 상업·주거 지역을 정비하고, 용산 국제업무지구와 연계하여 교통·상업·문화·주거가 복합된 새로운 역세권 중심지를 만드는 사업입니다. 용산역은 전면 지하공간으로 개발됩니다. 용산역 앞 광장을 지하로 개발하여 상업시설과 연결하고, 지하철역 및 버스 환승센터와 유기적으로 연결하는 계획을 추진 중입니다. 이에 발맞추어 용산역 주변 낙후된 주거 및 상업지역의 재개발, 재건축 사업이 활발히 진행되어 새로운 주거·상업 공간이 공급될 예정입니다. 대규모 상업시설도 확충되고 있으며, 용산역 일대는 쇼핑, 외식, 문화의 중심지로 거듭나고 있습니다.

- 군부대 이전 부지 개발: 고급 주거 및 상업 복합단지 조성

  용산 미군 기지 이전 부지 중 일부인 옛 유엔사 부지와 수송부 부지 등에는 고급 주거, 상업, 문화시설이 결합된 복합개발이 추진되고 있습니다. 용산공원과 인접한 유엔사 부지(약 5.1만㎡)는 현재 본격적인 공사 중이며, 고급 주상복합과 호텔, 상업시설이 들어서게 됩니다. 최고 200m 높이의 건물 11개 동, 약 4,800세대 규모의 최고급 주거단지로 조성될 것입니다. 이들 단지는 단순한 주거지를 넘어 용산의 새로운 랜드마크이자 '부의 상징'이 될 것입니다.

- GTX(수도권광역급행철도) 노선 확충: 서울의 관문, 초고속 광역교통의 중심

  용산역은 서울 도심의 서울역과 함께 GTX-A(인접), GTX-B 노선이

교차하는 핵심적인 광역철도 허브가 될 것입니다. GTX-B는 인천 송도~여의도~서울역~청량리~남양주 마석 구간으로, 용산역 경유가 확정되어 2031년 개통을 목표로 합니다. 용산역은 GTX 외에도 경의중앙선, 1호선, 신분당선(예정) 등 다양한 노선이 지나며, 이들 노선 간의 효율적인 환승이 가능한 통합 환승센터로 기능할 것입니다. GTX 노선들의 개통은 용산을 서울의 새로운 관문이자 수도권 전역과 초고속으로 연결되는 메가시티의 핵심 허브로 만들 것입니다.

2. 용산의 미래 가치 예상 변화

이러한 핵심 개발 호재들이 완성되는 2030년대 중반 이후, 용산 일대는 압도적인 미래 가치를 창출할 것입니다.

• 대한민국의 새로운 중심이자 글로벌 비즈니스 허브
  용산 국제업무지구와 용산역세권 개발을 통해 서울을 넘어 대한민국의 상징적인 글로벌 비즈니스 및 금융, IT 허브로 자리매김할 것입니다.

• 압도적인 친환경 녹지 도시
  대규모 용산공원 조성은 서울 도심의 허파 역할을 하며, 물세권과 숲세권 프리미엄을 동시에 누릴 수 있는 유일무이한 친환경 도시로 변모시킬 것입니다.

• 최고급 주거 및 명품 라이프 스타일의 상징

군부대 이전 부지 개발과 인근 고급 주거단지 조성은 용산을 최고급 라이프 스타일을 상징하는 도시로 만들 것입니다.

• 초고속 광역교통의 핵심 허브

GTX 노선 개통은 용산을 수도권 전역과 연결하는 초고속 교통망의 중심지로 만들 것입니다.

• 문화 · 역사 · 관광의 중심

용산공원과 전쟁기념관, 국립중앙박물관 등 기존 시설과 연계하여 용산은 역사와 문화가 어우러진 관광 명소로서의 매력도 더욱 강화할 것입니다.

용산 일대의 핵심 투자처와 예상 가치

용산 일대의 투자 기회는 '최고'라는 수식어에 걸맞게 압도적인 가치를 지니지만, 그만큼 높은 투자 진입 장벽이 존재합니다.

1. 아파트/주상복합: 용산공원 조망과 국제업무지구 프리미엄

- 핵심 투자처
  - 용산 국제업무지구 인근 아파트/주상복합(효창동, 신계동, 용문동 등).
  - 용산공원 인접 아파트/주상복합(이촌동, 용산 파크타워, 용산 센트럴파크 해링턴 스퀘어 등).
  - 한남뉴타운 등 재개발/재건축 단지, 군부대 이전 부지 내 신규 분양 예정 단지.

- 예상 수익률
  - 용산공원 인접 재건축 아파트(전용 118㎡ 기준)의 경우, 현재 매매가 30~40억 원 수준(2025년 5월 기준). 재건축 완료 시 신축 가치 및 용산공원 프리미엄으로 60~80억 원 이상 예상(5년 내 50~100% 이상 상승 기대).
  - 한남뉴타운 재개발구역 빌라/단독주택 등 지분투자는 현재 매매가 20~50억 원(구역 및 면적별 편차 큼). 재개발 완료 시 신축 아파트 입주권 가치로 50~100억 원 이상 예상(5년 내 80~150% 이상 상승 기대).

2. 오피스/상가:
글로벌 비즈니스 수요와 폭발적인 유동인구의 수혜

- 핵심 투자처
  - 용산 국제업무지구 내 신규 오피스/상업시설.
  - 용산역 아이파크몰 주변 상업시설.
  - 이태원/경리단길/해방촌 상업시설.
  - GTX 용산역 인근 상가.

- 예상 수익률
  - 용산역 주변 상가/꼬마빌딩(대지 30평 기준)의 경우, 매매가 100~200억 원 이상. 연 임대수익률 3%~4% 이상. 매매가 기준 5년 내 20~40% 이상 상승 기대.

- 국제업무지구 내 신규 오피스/상업시설 일부 호실의 경우, 연 임대수익률 4.5%~6% 이상 목표. 매매가 기준 5년 내 30~50% 이상 상승 기대.

3. 오피스텔/지식산업센터: 글로벌 업무 수요 및 1인 가구 주거 수요 흡수

- 핵심 투자처
  - 용산역 인근 오피스텔/소형 주택.
  - 후암동, 갈월동 등 용산 개발 배후 지역 오피스텔.

- 예상 수익률
  - 용산역 인근 소형 오피스텔(전용 20㎡ 기준)의 경우, 현재 매매가 3.5~6억 원 정도. 연 임대수익률 4.5~5.5% 이상. 매매가 기준 5년 내 15~30% 이상 상승 기대.

성공 투자를 위한 체크 포인트

1. 투자 시 고려해야 할 리스크 요인들

용산 일대는 압도적인 개발 잠재력을 지니지만, 큰 자금이 투자되는 만큼 자금 흐름에 대한 충분한 고려가 필요합니다.

- 대규모 개발 사업의 불확실성과 장기화 리스크

용산 국제업무지구 개발은 서울시의 의지가 강하지만, 사업 규모가 워낙 크고 복잡하며 이해관계자가 많아 계획 변경이나 지연될 가능성이 언제든 존재합니다.

- 재개발/재건축 사업의 복잡성

한남뉴타운 등 용산의 주요 정비사업은 사업성이 높지만, 그만큼 사업 과정이 복잡하고 조합원 간 갈등, 용적률, 층고 제한 등 다양한 변수가 존재합니다. 충분한 사업성 분석과 리스크 검토가 필수적입니다.

- 장기적인 관점 유지

용산은 단기적인 시세차익보다는 '대한민국의 새로운 중심'으로의 변화라는 큰 틀을 보고 장기적인 관점에서 접근하는 것이 유리합니다.

2. 투자 전 알아 두면 좋은 Q&A

Q. 서울시가 추진 중인 '국가중심공간'이란 무엇인가요?

A. 서울시가 '2040 서울도시기본계획'을 통해 경복궁~서울역~용산 일대를 '국가중심공간'으로 조성하려는 계획은 이 지역이 단순히 현재의 중요한 공간을 넘어, 미래 서울의 핵심이자 대한민국의 상징적인 얼굴로 거듭날 것임을 의미합니다.

- 막대한 예산 투입과 정책적 집중

'국가중심공간'이라는 명칭에서 알 수 있듯이, 이 지역은 서울시뿐만 아니라 국가 차원에서도 상당한 예산과 정책적 역량이 집중될 곳입니다. 이는 다음과 같은 투자로 이어질 예정입니다.

- 대규모 인프라 투자: 서울역 복합개발, 용산 국제업무지구 조성과 같은 대규모 프로젝트에는 교통, 통신, 에너지 등 기반 시설 확충에 막대한 예산이 필요합니다.
- 공공 공간 조성 및 개선: 용산공원, 광화문광장 등 시민들이 이용할 수 있는 대규모 공원이나 광장 조성, 역사문화 공간 복원 등에 예산

이 투입됩니다.
- 민간 투자 유도: 서울시는 규제 완화(예: 35층 높이 제한 폐지) 등을 통해 민간의 창의적인 개발과 투자를 적극적으로 유도하여 도시 활력을 불어넣을 것입니다.

이러한 예산과 정책 지원은 단순한 도시 개발을 넘어, 지역의 가치를 극대화하고 서울의 글로벌 경쟁력을 높이는 데 기여할 것입니다.

• **서울의 명실상부한 중심 공간으로 위상 강화**
현재 서울에는 강남, 여의도 등 여러 핵심 상권과 업무지구가 있지만, 경복궁~서울역~용산 축은 역사, 문화, 비즈니스, 국제교류 기능이 융합된 복합적인 중심 공간으로서 그 위상이 더욱 확고해질 전망입니다.

- 역사·문화적 상징성: 경복궁과 광화문광장은 대한민국의 역사와 정체성을 상징하는 공간으로, 그 의미가 더욱 부각될 것입니다.
- 국제교류의 허브: 서울역은 대한민국으로 들어오는 관문이자 국내 주요 도시와 연결되는 교통의 요지이며, 용산 국제업무지구는 글로벌 비즈니스의 중심지로 발돋움할 것입니다.
- 시민 소통과 휴식의 장: 용산공원과 같은 대규모 녹지 공간 조성은 시민들에게 자연 속에서 휴식하고 소통할 수 있는 기회를 제공하며, 도시의 삶의 질을 높이는 데 기여합니다.

이처럼 다양한 기능이 응축된 국가중심공간은 서울의 과거와 현재, 미래를 아우르는 상징적인 중심축이 될 것입니다.

• 미래 도시 공간의 청사진

　이 계획은 단기적인 개발을 넘어, 서울이 앞으로 어떤 도시로 발전해 나갈지에 대한 미래 비전을 제시합니다. 국가중심공간은 다음과 같은 미래 도시 공간의 모습을 상상하게 합니다.

- 조화로운 공존: 전통과 현대, 자연과 인공적인 건축물이 조화롭게 어우러진 경관을 기대할 수 있습니다.
- 스마트하고 지속 가능한 도시: 첨단 기술이 접목된 스마트 인프라와 친환경적인 개발 방식을 통해 지속 가능한 도시 모델을 구현할 것입니다.
- 개방적이고 역동적인 공간: 시민과 세계인이 자유롭게 교류하고 소통하며, 새로운 아이디어와 문화가 탄생하는 역동적인 공간으로 변모할 것입니다.

　결론적으로 '국가중심공간' 계획은 서울의 역사적 가치를 보존하면서도 미래 지향적인 발전을 이루고, 대한민국을 대표하는 상징적인 공간이자 글로벌 도시 서울의 핵심 경쟁력으로 자리매김하려는 야심 찬 청사진이라고 할 수 있습니다.

심층 투자 전략 ①
강남을 넘보는 용산

"10년 후 용산이 강남을 뛰어넘을 수 있는가?"

부동산 전문가, 도시계획가, 투자자, 행정가 등 여러 입장마다 판단이 다를 수 있으나, 종합적인 관점에서 강점과 한계를 짚어보고 가능성을 평가할 수 있습니다. 이는 용산 지역을 투자하는 사람들에게 나름대로 인사이트를 제공할 수 있습니다.

용산의 강점

강남을 뛰어넘을 수 있는 잠재력은 다음과 같습니다.

- 입지적 중심성(서울의 진짜 중심)
  - 서울의 지리적 중심, 사통팔달 교통망(1호선, 4호선, 경의선, 신분당선, KTX, GTX-B 예정 등)
  - 한강변에 인접 + 남산 조망 = 프리미엄 입지
  - '제2의 여의도' 또는 '서울의 센트럴파크'라는 비전 제시

- 대규모 국책사업 추진
  - 용산공원 조성: 국가 주도로 미국기지 반환 부지를 대규모 공원화 → 세계적 상징성
  - 미군기지 이전 완료 → 토지 가용성 확보
  - 용산국제업무지구 개발(예: 유엔기구 유치, 글로벌 기업 본사 유치 구상)

- 가격 상승 여력
  - 강남 대비 여전히 낮은 실거래가 및 공시가
  - 고급 주택지로서의 이미지 탈바꿈 가능성(한남동, 이태원, 신계동 일대)

- GTX와 초고속 교통망 집중
  - GTX-B 노선 개통 예정
  - 인근 서울역(GTX-A) / 용산역(KTX) 연결 = 수도권 · 지방과의 연계성 압도적

용산의 약점

강남을 넘기 어려운 현실적 한계는 다음과 같습니다.

- 기반 산업 및 기업 집적 부족
  - 강남: 삼성, 현대차, LG 등 핵심 대기업 본사 · 연구소 밀집(판교까지 연계됨)
  - 용산: 오피스 빌딩은 증가 중이나, 산업 · 고소득 일자리 창출력은 미약

- 주거지 환경의 파편화
  - 이촌동, 한남동은 고급 주거지지만, 신계동, 원효로 등은 노후 주거 밀집지역
  - 도시계획이 부분적·단편적이라 강남처럼 '넓고 일관된 고급지대' 형성은 제한적

- 재개발 지연 및 주민 반발
  - 미군기지 반환 지연, 환경오염 정화 문제
  - 한남3구역 등 주요 정비사업이 오랫동안 법적/정치적으로 얽혀 있음

위와 같은 강점과 약점을 두고 볼 때 '강남을 절대적 기준으로 뛰어넘긴 어렵지만, 특정 영역에선 추월 가능'이라는 답을 내놓을 수 있습니다.

【 북촌마을의 토지이용 특징 】

분야	용산의 강남 추월 여부	비고
입지·접근성	가능	서울 중심, 철도·GTX 허브
공공성·국제성	가능	국제업무지구 + 용산공원
부동산 가격 전체	어렵다	강남의 민간 자본력, 브랜드 파워는 견고
프리미엄 주거지 일부	유사 또는 추월	한남동, 이촌동 등 고급화 가능성
기업 집적/산업 중심	어렵다	강남 테헤란로, 삼성동 중심의 위상은 견고

결론적으로, "용산은 '강남을 뛰어넘는 제2의 축'으로 성장할 수 있으나, 전면적 대체는 어렵다."입니다. 그렇지만 서울의 쌍두마차 구조로 갈 가능성은 큽니다.

용산 = 글로벌 허브 + 공공 · 문화 · 관광 중심

강남 = 민간 · 산업 · 교육 중심

    이를 깊이 통찰해 보면, 10년 후 용산의 가치는 그만큼 크다는 것이므로 큰손들의 확실한 투자처라고 할 수 있습니다.

심층 투자 전략 ②
문화·예술이 이끄는 부동산 가치

문화·예술이 부동산 가격에 영향을 미칠까?

그렇습니다. 노들섬이 바로 그 주인공입니다. 노들섬의 개발 이유는 크게 세 가지로 정리할 수 있습니다.

- **한강의 글로벌 문화 랜드마크 조성**

한강·용산국제업무지구·여의도와 '삼각축'을 형성할 핵심 지점입니다. 이를 통해 국제금융·비즈니스 클러스터와 연결되어 비전 있는 도시 이미지를 강화하는 전략이라 할 수 있습니다.

- **시민의 문화·휴식 수요 반영**

예술·문화·생태를 아우르는 복합문화공간으로 재탄생합니다. 영국 건축가인 토마스 헤더윅의 설계 '소리풍경'은 한국의 산 이미지를 조형물로 담아내고, 자연과 음악의 조화를 통해 감성적인 공간 경험을 구현하고자 합니다.

- 도시경쟁력 확보 및 지속 가능성

국제적 명성을 가진 건축가 공모를 통해 혁신적이면서도 지속 가능한 설계를 추구합니다.

노들섬 프로젝트는 단순한 공공 공간 조성을 넘어 서울의 도시브랜드와 부동산 경쟁력에 구조적 전환을 주도할 하나의 큰 축이라 할 수 있습니다.

노들 예술섬 개발의 영향력

실제로 노들 예술섬 개발이 인근 지역에 영향을 끼치고 있거나 끼칠 예정입니다.

- 용산구 이촌동 일대(강북권)
  - 한강 조망권 아파트(래미안첼리투스, LG한강자이 등), 재건축 단지.
  - 노들섬은 바로 맞은편이 이촌 한강변이며, 이촌한강공원~노들섬 연결 인프라 확대(보행자 연결 등)가 예상됩니다.
  - 조망권 프리미엄 + 관광 유입 + 자연/문화/환경 결합 → 고급 주거지 이미지 강화.

- 동작구 흑석동, 노량진동(강남북 연결 축)
  - 흑석뉴타운 재개발 단지, 노량진역세권 근린상가, 원룸·소형 아파트.
  - 동작대로, 한강대교~노들섬과 직접 연결. 향후 문화 관광객 유입 시 상업 수요 증가 기대.
  - 상가 매출 상승 → 임대 수익형 부동산 주목, 뉴타운 입주 완료 시기와 맞물려 추가 프리미엄 예상.

- 여의도, 한강변 라인(서강대교~노들섬 축)
  - 여의도 고급 주상복합(파크원, 시티파크 등), 오피스텔.
  - 여의도는 노들섬과 육안으로 보이는 거리이며, 향후 문화행사 시 파생 효과 기대.
  - 비즈니스 + 문화 융합 공간으로의 브랜드 가치 상승, 외국인 투자자 및 거주 수요 증가 가능성.

2024년, 노들섬은 150만 명에 달하는 시민과 국내외 관광객이 다녀가며 서울의 대표 문화 랜드마크로 자리매김했습니다. 2023년 대비 35만여 명이 증가한 수치입니다. 노들섬은 2024년 5월 '노들 글로벌 예술섬 국제지명 설계공모'를 통해 최종 당선된 토마스 헤더윅의 '소리풍경(Soundscape)'으로의 재탄생이 기대됩니다(2028년 완공 목표).

▲ 남측에서 본 노들섬 공중보행로

'소리풍경(Soundscape)'은 노들섬의 자연환경과 도시적 특성을 결합한 독창적인 음향 환경의 조성 예고와 함께 세계적인 관심과 주목을 받고 있습니다. 노들섬을 세계적인 문화예술 명소로 알리는 데 크게 기여할 것으로 기대됩니다.

성수동이 '서울숲 문화 클러스터'로 급부상했듯이, 노들섬도 그에 상응하는 한강권 문화지구가 될 것으로 예상됩니다. 성수동처럼 아트와 디자인 기반의 상가 리모델링 및 창업 수요가 노들섬 인근으로 확산될 가능성이 충분합니다. 문화 랜드마크 노들섬이 인근 부동산에 미칠 영향이 적지 않을 전망입니다.

청량리 · 왕십리

: 동북권 허브, 압도적 교통 · 상업 · 주거 인프라 구축

청량리 · 왕십리의 가치:
서울 동북부의 심장으로 대변신

청량리와 왕십리는 과거 동북권의 대표적인 부도심이자 교통의 요충지 역할을 해 왔습니다. 하지만 한동안 노후화된 상업시설과 주거지로 인해 다소 쇠락한 이미지가 강했습니다. 그러나 최근 서울 동북부 개발의 핵심축으로 선정되면서, 두 지역은 대규모 재개발·재건축, 그리고 압도적인 광역교통망 확충을 통해 서울을 대표하는 미래형 복합 중심지로의 대변신을 꾀하고 있습니다. 특히 서울시는 청량리·왕십리 일대를 '동북권 광역중심'으로 설정하고, 교통·상업·주거·문화 기능을 고도화하는 계획을 추진해 왔습니다. 현재 진행 중인 청량리역세권 개발(롯데 스카이L65, 한양수자인 등), 왕십리 뉴타운 조성, GTX(수도권광역급행철도) 및 경전철 노선 확충 등은 이 지역의 경쟁력을 한 단계 더 끌어올릴 핵심 프로젝트들입니다.

청량리역은 GTX-B/C 노선과 함께 기존 KTX, 지하철 노선들이 집결하는 전국 최대 규모의 환승 허브로 거듭나고 있으며, 왕십리역 또한 다수의 지하철 노선과 동북선 경전철(공사 중)이 교차하는 요지로서 그 위상이 더욱 강화되고 있습니다. 이처럼 청량리와 왕십리는 과거의 이미지를 벗고 서울 동북부의 새로운 교통·상업·주거·문화의 심장부로 자리매김하며 핵심 투자처로 급부상하고 있습니다.

핵심 개발 호재와 예상 변화

1. 청량리·왕십리의 핵심 개발 호재

청량리·왕십리는 이미 동북권의 중요한 기능을 담당하지만, 앞으로도 폭발적인 개발 호재들이 많아 새로운 가치를 창출할 것입니다.

- 청량리역세권 개발: 대한민국 최고 수준의 교통 허브이자 초고층 복합 랜드마크 조성

청량리역 일대를 대규모 주상복합, 상업시설, 업무시설이 어우러진 초고층 복합타운으로 개발하는 사업입니다. 특히 기존 노후화된 이미지를 벗고 동북권의 새로운 스카이라인을 형성하며, 압도적인 교통망과 연계하여 시너지를 창출하고 있습니다.

이 일대에는 이미 변화의 바람이 불고 있습니다. 2024년 1월 입주를 시작한 롯데 스카이L65는 최고 65층 규모의 주상복합으로, 아파트(1,425세대), 오피스텔, 판매시설 등을 갖추고 있습니다. 이보다 앞서 청량리

역 해링턴 플레이스(최고 40층)는 2023년 4월 입주를 마쳤고, 한양수자인 192(최고 59층)는 2023년 5월 입주를 완료한 바 있습니다. 이외에 청량리 7구역, 8구역 재개발도 진행 중이거나 추진될 예정입니다.

청량리역세권 개발은 쇠락했던 청량리역 일대를 초고층 랜드마크로 탈바꿈시켰으며, 대규모 상업시설 확충은 동북권 최고의 쇼핑·문화 중심지로서의 위상을 강화하고 있습니다.

- **GTX(수도권광역급행철도) 및 경전철 노선 확충: 사통팔달 광역교통의 메카로 도약**

청량리역은 기존 1호선, 경의중앙선, 경춘선, 수인분당선 외에 GTX-B/C 노선이 교차하는 핵심 역으로, 대한민국에서 유례없는 12개 이상의 철도 노선이 집결하는 환승센터로 거듭날 예정입니다.

왕십리역 또한 GTX-C 노선(예정)의 수혜를 입고 동북선 경전철이 개통될 예정으로 교통 편의성이 대폭 강화됩니다. GTX-C 노선은 양주 덕정에서 청량리, 삼성역을 거쳐 수원까지 이어지는 노선으로, 2030년 개통 예정이고, GTX-B는 인천 송도에서 청량리, 서울역, 남양주 마석까지 이어지는 노선으로, 2031년 개통이 목표입니다.

왕십리역을 시종점으로 하는 동북선 경전철은 왕십리역에서 상계역까지 이어지는 노선으로, 2026년 개통이 예상됩니다. 또 면목선 경전철(예정)은 청량리역에서 신내동까지 연결되는 노선으로, 장기적인 계획(2028년 착공, 2033년 개통)으로 검토 중입니다. GTX 노선들의 개통은 청량리역을 전국 어디로든 접근 가능한 초고속 광역교통의 허브로 업그레이드시킬 것입니다.

- 왕십리 뉴타운 및 주변 재개발/재건축: 동북권 대표 명품 주거타운 완성

왕십리 뉴타운은 과거 노후화되었던 왕십리 일대(왕십리 1/2/3구역)를 대규모 주거단지로 개발하는 사업으로, 이미 성공적으로 완료되어 동북권의 대표적인 명품 주거타운으로 자리매김했습니다. 이를 바탕으로 주변 지역의 추가적인 재개발·재건축 사업이 활발히 추진되고 있습니다.

왕십리 뉴타운(텐즈힐, 센트라스)은 2014년~2016년 입주를 완료한 대규모 아파트 단지로, 약 5,000세대에 달합니다. 이미 지역의 가치를 크게 끌어올렸습니다. 왕십리 뉴타운의 성공을 바탕으로 홍익동 재개발, 상왕십리 재개발 등 인근 지역의 추가적인 소규모 재개발 및 재건축 사업이 진행 중이거나 검토 중입니다. 향후 동북선 경전철 개통 등 교통 호재와 맞물려 왕십리 일대는 더욱 견고한 명품 주거타운으로 자리 잡을 것입니다.

- 동부간선도로 지하화(강남·북 균형 발전): 교통 체증 해소 및 수변 공간 조성

서울 강남과 강북을 잇는 주요 간선도로인 동부간선도로의 상습 정체 구간(월릉교~영동대교 12.2km)을 지하화하고, 지상 공간에는 친수공간과 공원, 자전거 도로 등을 조성하는 사업입니다. 청량리·왕십리 인근을 지나기 때문에 직접적인 수혜를 입는 개발 호재입니다. 상습 교통 체증 해소, 동남권과 동북권 간 접근성 향상, 친환경 수변 도시 조성을 목표로 하는 이 사업은 구간별로 사업이 추진되며, 2026년부터 순차적으로 개통될 예정입니다.

동부간선도로 지하화는 청량리·왕십리 지역의 교통 체증을 획기적으로 개선하고, 강남권과의 접근성을 더욱 용이하게 할 것입니다. 중요한 핵

심은 동북부와 강남권을 직접 빠르게 연결한다는 점입니다.

▲ **[서울 동부간선도로 지하화 구간]** 동부간선도로 지하화는 강북과 강남을 직접 연결한다는 데 큰 의미가 있다. 출근 시간 단축과 도심 통과 차량 분산, 지상 공간 녹지화 등의 효과가 예상된다.

2. 청량리·왕십리의 미래 가치 예상 변화

이러한 핵심 개발 호재들이 완성되는 2030년대 중반 이후, 청량리·왕십리 일대는 동북권의 금융·교통·주거 복합 중심도시로 변화하는 저력을 실감하게 될 것입니다.

• 교통의 메카로 자리매김

　청량리역은 GTX-B/C 노선과 동북선 및 면목선 경전철, KTX 노선이 집결하며, 명실상부 대한민국에서 가장 많은 철도 노선이 지나가는 교통의 메카로 자리매김할 것입니다.

• 동북권의 새로운 비즈니스 및 상업 중심지

　청량리역세권의 초고층 복합개발과 왕십리역 주변 상업시설 활성화는 동북부의 새로운 업무 및 쇼핑, 문화 중심지를 형성하게 됩니다.

• 고급 주거 수요 유입

　왕십리 뉴타운의 성공적인 정착과 청량리역 주변의 최고층 주상복합들은 동북권의 주거 수준을 한 단계 끌어올렸으며, 쾌적한 주거환경과 편리한 교통망을 바탕으로 고급 주거 수요를 꾸준히 유입할 것입니다.

• '물세권'과 '숲세권' 가치 증대

　동부간선도로 지하화로 조성되는 중랑천변 친수 공간과 녹지는 주민들에게 쾌적한 여가 환경을 제공하며, '물세권'과 '숲세권'의 가치를 더해 주거의 질을 더욱 높일 전망입니다.

청량리·왕십리 일대의 핵심 투자처와 예상 가치

청량리·왕십리 일대는 폭발적인 유동인구 증가와 함께 명확한 개발 방향과 높은 성장 잠재력을 가지고 있습니다.

1. 아파트/주상복합: 신축 프리미엄과 광역교통망 수혜

- 핵심 투자처
    - 청량리역세권 신축 주상복합(롯데 스카이L65, 한양수자인 192, 청량리역 해링턴 플레이스 등).
    - 왕십리 뉴타운 및 주변 신축/준신축 아파트(텐즈힐, 센트라스 등).
    - 청량리 재개발/재건축 추진 단지(청량리 7구역, 8구역 등).

- 투자 포인트
    - 청량리역세권 신축은 압도적인 교통망과 초고층 랜드마크라는 희소

성으로 높은 시세차익을 기대할 수 있습니다.
- 왕십리 뉴타운은 이미 검증된 성공 사례로 안정적인 주거 가치를 유지하며, 추가 교통 호재로 인한 상승 여력을 가집니다.

• 예상 수익률
- 청량리역 신축 주상복합(전용 84㎡ 기준)은 현재 매매가 13~17억 원 수준(2025년 5월 기준). GTX 등 교통 호재 완료 시 20~25억 원 이상 예상(5년 내 20~50% 이상 상승 기대).
- 왕십리 뉴타운(전용 84㎡): 현재 매매가 14~18억 원. 추가 인프라 확충 및 동북선 개통으로 18~22억 원 이상 예상(5년 내 15~30% 이상 상승 기대).

2. 오피스/상가: 광역교통 허브의 유동인구 증가 수혜

• 핵심 투자처
- 청량리역 환승센터 복합 상업시설, 청량리역 주변 신축 주상복합 내 상가(롯데 스카이L65, 한양수자인 192 등)
- 십리역 비트플렉스 및 주변 상가, GTX 역세권 인근 상가(청량리역 및 왕십리역 인근).

• 투자 포인트
- 청량리역세권 부동산의 경우, 압도적인 교통 허브 기능으로 인한 폭

발적인 유동인구 증가로 상업용 부동산의 가치가 크게 상승할 것입니다.
- 왕십리역 주변은 이미 안정적인 상권을 형성하고 있으며, 동북선 개통 등으로 추가 유동인구 유입이 예상됩니다.

- 예상 수익률
  - 청량리역 신규 상업시설 일부 호실의 경우, 연 임대수익률 4%~5.5% 이상 목표. 매매가 기준 5년 내 20~40% 이상 상승 기대.

3. 오피스텔/소형 주택:
직주근접 및 교통 편리성 선호 수요 흡수

- 핵심 투자처
  - 청량리역 및 왕십리역 주변 오피스텔/소형 주택.
  - 동부간선도로 지하화로 쾌적성이 좋아지는 지역의 소형 주택.

- 투자 포인트
  - 대규모 개발로 인한 직장인 증가 및 편리한 교통망을 바탕으로 안정적인 임대수익을 기대할 수 있습니다. 소액으로 핵심 지역에 진입할 수 있다는 장점도 있습니다.

- 예상 수익률
  - 청량리역 주변 소형 오피스텔, 전용 20㎡ 기준으로 현재 매매가 2.5억~4억 원 수준. 연 임대수익률 4.5~5.5% 이상, 매매가 기준 5년 내 15~25% 이상 상승 기대.

성공 투자를 위한 체크 포인트

1. 투자 시 고려해야 할 리스크 요인들

청량리·왕십리 일대 투자는 높은 잠재력을 지니고 있지만, 그만큼 투자 전 충분히 고려해야 할 사항들이 있습니다.

- GTX 개통 시기 및 파급 효과

GTX 노선들의 개통은 가장 큰 호재이지만, 최근 공사비 상승에 따른 실제 개통 시기는 지연될 가능성도 있습니다.

- 재개발/재건축 사업의 변수

청량리 및 왕십리 주변의 추가적인 재개발/재건축 사업은 초기 단계일 경우 사업 진행의 불확실성이 존재합니다.

2. 투자 전 알아두면 좋은 Q&A

Q. 앞으로 철도가 가장 많이 정차하는, '철도 교통 허브'는 어디인가요?

A. 철도가 많이 정차하는 역은 단순히 교통이 편리하다는 것을 넘어, '시간 단축', '수요 증가', '인프라 확충', '정책적 지원'이라는 복합적인 요인을 통해 해당 지역의 부동산 가치를 상승시키는 핵심적인 역할을 합니다. 특히 GTX와 같은 광역철도는 기존 도심 접근성을 획기적으로 개선하여 그 파급 효과가 더욱 강력합니다. 앞으로 많은 신설 철도가 예정된 역을 위주로 정리해 보면 다음과 같습니다.

【 서울 철도 교통 허브 】

	역명	현재 노선	예정 노선	노선 수
1	청량리역	지하철 1호선, 경춘선, 경의중앙선, 수인분당선, 강릉선/중앙선 KTX, 일반철도	GTX-B/C, 면목선, 강북횡단선, SRT 북부 연장선	12개
2	서울역	지하철 1/4호선, 공항철도, 경의중앙선, 일반철도, GTX-A, KTX, 중앙선 KTX	GTX-B, 신안산선 연장선, 신분당선 서북부 연장선	11개
3	용산역/신용산역	지하철 1/4호선, 경의중앙선, 일반철도, KTX	공항철도, GTX-B, 신분당선 연장선, 신안산선 연장선, 위례신사선	10개
4	삼성역/영동대로 복합환승센터	지하철 2/9호선	수인분당선, GTX-A/C/D, 위례신사선, 공항철도(연계)	8개
5	왕십리역	지하철 2/5호선, 경의중앙선, 수인분당선	동북선, SRT 북부 연장선	6개
6	수서역	지하철 3호선, 수인분당선, GTX-A, SRT	SRT 북부 연장선, GTX-D	6개
7	여의도역	지하철 5/9호선	GTX-B, 신안산선, 서부선	5개

심층 투자 전략:
국가가 보장하는 공간혁신구역

부동산 성공 투자가 보장되는 '공간혁신구역'

국가가 부동산 성공 투자를 보장(?)해 주는 곳이 있을 수 있을까요? 그중 하나가 바로 '공간혁신구역'입니다.

국토교통부가 시행하는 공간혁신구역은 다양한 기능이 복합된 도심 성장거점 조성을 목표로, 건축물의 용도와 건폐율·용적률 등 규제가 완화되는 '도시계획 특례구역'입니다. 낡은 도시공간을 새롭게 바꾸고, 민간의 창의적인 개발을 유도하기 위한 제도입니다. 기존의 복잡한 도시계획 규제를 완화해 주고, 민간이 자율적으로 공간을 혁신할 수 있도록 돕는 것이 목적입니다. 이러한 공간혁신구역은 크게 3가지 유형으로 나뉘는데, 쉽게 설명해 보겠습니다.

- 도시혁신구역
  - 핵심 개념: 노후 도심을 과감하게 바꾸자!
  - 오래된 주택지, 낡은 상권, 방치된 공간을 민간이 아이디어를 내서

스마트시티, 창업단지, 청년주택 등으로 바꾸는 구역.
- 예시: 구도심에 청년창업센터, 공공임대주택, 공유 오피스가 어우러진 복합공간 조성.

- 복합용도구역
  - 핵심 개념: 용도제한 없이 자유롭게 개발하자!
  - 땅을 개발할 때 '여기는 주거만!', '여기는 상업만!' 하는 식의 기존 용도 제한을 없애고, 주거·상업·산업 등 다양한 기능을 한곳에 섞어서 개발할 수 있게 해 주는 구역.
  - 예시: 아파트, 상가, 사무실, 스타트업 공간이 한 건물 또는 블록 안에 함께 있는 형태.

- 도시계획시설 입체복합구역
  - 핵심 개념: 지하·지상·공중 공간까지 입체적으로 활용하자!
  - 도로, 철도, 공원 같은 도시계획시설 부지를 입체적으로 개발해, 그 위나 아래에 민간 개발을 허용하는 방식.
  - 예시: 철도역 위에 쇼핑몰과 아파트가 들어서는 복합개발, 지하철 역사에 상업·문화시설 결합.

한 줄로 요약하면, 공간혁신구역은 민간의 창의적인 아이디어를 바탕으로 도심을 자유롭고 입체적으로 개발할 수 있도록 만들어진 제도를 말합니다. 서울의 변화를 획기적으로 이끌 지역이어서 성공 투자가 담보되는 곳이라고 생각하면 틀림없습니다.

2024년 7월 1일 국토교통부가 발표한 공간혁신구역 선도사업 후보지 16곳 중 서울의 경우 △양재역 복합환승센터 △김포공항역 복합환승센터 △ 금천구 독산동 공군부대 △청량리역 일대 등 4곳이 선정된 바 있습니다.

청량리역 일대 공간혁신구역 개발 시행 기대효과

앞으로 본격적인 공간혁신구역 개발이 시행되면 낙후된 도심이 고밀도·복합형 중심지로 재편되며, 인근은 도시 구조, 생활환경, 부동산 시장 등 획기적인 변화가 예상됩니다.

- 도시환경 개선

노후 주거지·방치된 공간이 스마트하고 복합적인 공간으로 재탄생하며, 도시가 활력을 되찾습니다.

- 토지이용의 효율화

용도지역 제한이 완화되어 고밀도·입체적 개발을 통해 도심 내 새로운 랜드마크가 형성됩니다.

- 교통 인프라와 접근성 개선

대부분 역세권이나 교통 요지에 위치하여 개발과 함께 교통 인프라 개선이 병행됩니다.

- 인구 유입과 상권 활성화

청년주택, 창업 지원시설, 문화 공간 등이 들어오면서 젊은 층, 창업 인구 유입이 늘고 소비 증가로 상권이 회복됩니다.

• 부동산 가치 상승 가능성

　인근 지역은 향후 상업지 또는 주거지로서의 매력 상승, 개발 기대감에 따른 지가 상승 및 민간 투자 유입이 예상됩니다. 다만, 초기에는 지정 전에 투기 방지 조치가 함께 이뤄지므로 주의가 필요합니다.

　실제로 청량리역의 경우를 예측해 보면, 공간혁신구역 지정 → 민간 개발사 참여 → 고층 복합타워 계획 발표 → 환승센터 재정비 + 광장 조성 → 인근 전통시장·상가까지 활성화 등의 순서로 진행되거나 될 예정입니다. 서울의 광역중심으로 지정된 청량리역의 공간혁신구역 지정은 청량리역이 새롭게 탄생하는 '청량 개벽'의 첫 시발점이라고 할 수 있습니다. 부동산 성공 투자를 위해서는 정부나 지자체의 계획이 무엇을 의미하는지에 대한 통찰력을 키워야 합니다.

창동·상계

: 동북권 신경제 중심, 자족형 복합도시로 재탄생

창동·상계의 가치:
베드타운에서 자족 가능한 핵심 거점으로 도약

창동과 상계는 과거 서울 동북부의 대표적인 베드타운으로 인식되어 왔습니다. 수십 년간 주거 기능에 치중되어 일자리와 문화시설이 부족하다는 평가를 받았으며, 노후화된 주거지와 상업시설은 지역 발전을 더디게 하는 요인이었습니다. 그러나 최근 서울시의 집중적인 투자를 통해 '동북권 신경제 중심지'라는 비전 아래 대규모 변화가 진행 중입니다.

현재 진행 중인 창동 서울 아레나 건립, 동부간선도로 지하화 및 지상 공원 조성, 창동 차량기지 및 도봉 면허시험장 이전 부지 개발, 창동역 복합환승센터 조성, 그리고 주거환경 개선을 위한 재건축 등은 이 지역의 경쟁력을 한 단계 더 끌어올릴 핵심 프로젝트들입니다. 특히 수도권광역급행철도(GTX-C 노선)의 창동역 경유는 서울을 넘어 수도권 북부와의 연결성을 획기적으로 개선하며, 창동/상계의 입지 가치를 더욱 공고히 할 것입니다.

이처럼 창동과 상계는 과거의 베드타운 이미지를 벗고 서울 동북부의 새로운 업무·문화·상업·교통의 중심지로 자리매김하며 핵심 투자처로 급부상하고 있습니다.

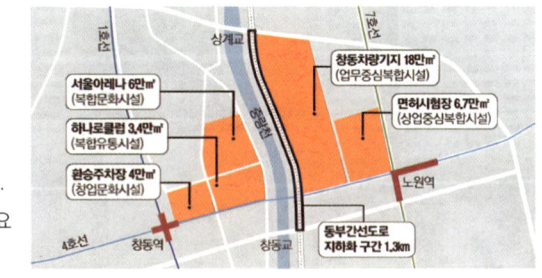

▶ 한창 개발 중인 창동·상계 신경제 중심 주요 사업지 위치

핵심 개발 호재와 예상 변화

1. 창동·상계의 핵심 개발 호재

창동·상계는 이미 동북권의 중요한 주거 기능을 담당하지만, 현재 진행 중이거나 예정된 개발 호재들은 그 기능을 더욱 고도화하면서 이제껏 경험하지 못했던 일대 변혁을 불러올 것입니다.

- 창동 서울 아레나 건립: 동북권의 새로운 문화 랜드마크

'서울 아레나'는 창동역 인근 약 5만㎡ 부지에 국내 최초 대규모 음악 전문 공연장입니다. 18,000석 규모의 실내 공연장과 2,000석 규모의 중형 공연장, 대중음악 지원시설, 상업 및 편의시설 등이 복합적으로 조성되는데, 2027년 완공을 앞두고 있습니다.

서울 아레나는 창동을 서울 동북부의 새로운 문화 랜드마크로 만들고, 대규모 공연 및 문화 행사를 통해 연간 수백만 명의 유동인구를 끌어들일 것입니다. 동북권 문화 인프라 확충, K-팝 및 한류 콘텐츠의 거점 조성,

지역 경제 활성화 및 일자리 창출 등이 기대됩니다. 이러한 문화 중심지로서의 이미지 강화는 창동·상계 일대의 부동산 가치를 상승시키는 중요한 요인이 됩니다.

- 아레나 X 스퀘어 건립: 창동민자역사의 새로운 복합쇼핑몰

이 사업은 창동민자역사를 새로운 복합쇼핑몰과 환승센터 등의 복합시설로 재개발하는 프로젝트입니다. 지하 2층부터 지상 10층, 연면적 약 8만7,293㎡ 규모로 조성됩니다. 쇼핑시설 외에도 문화·편의·의료·교육·오피스 등 다양한 기능이 함께 들어서며, 지상 4층에는 동대문 패션타운의 대표 쇼핑몰인 '디오트(DIOT)'의 입점이 예정되어 있습니다. 이외에도 옥상 루프탑 가든, 실내정원, 메디컬 존 같은 특화 공간 조성 계획도 포함돼 있어, 방문객들에게 쾌적한 여가 경험을 제공할 예정입니다. 아레나 X 스퀘어를 한마디로 말하자면 '동북권 최대 복합쇼핑몰 + 환승센터'라 할 수 있습니다.

- 창동 차량기지 및 도봉 면허시험장 이전 부지 개발: 동북권 신경제 중심지 조성

현재 창동역 인근에 위치한 창동차량기지(약 179,000㎡)와 도봉면허시험장(약 67,000㎡)을 이전하고, 그 부지를 활용하여 대규모 업무·상업·문화·주거·복합환승센터 기능을 갖춘 '동북권 신경제 중심지'를 조성하는 사업입니다. 이는 창동·상계 지역의 가장 핵심적인 개발 호재 중 하나입니다. 이곳에는 첨단 지식산업센터, 오피스, 연구개발(R&D) 단지, 호텔, 컨벤션, 대규모 상업시설, 청년 창업 지원 공간 등이 복합적으로 들어서게

됩니다.

　차량기지는 2026년까지 남양주 진접으로 이전 완료될 예정이며, 면허시험장 이전도 함께 추진됩니다. 이 부지 개발은 창동·상계에 대규모 고부가가치 일자리를 창출하고, 첨단산업 클러스터를 조성하여 단순한 베드타운을 넘어 자족 가능한 신경제 중심지로 변모시킬 것입니다.

• GTX-C 노선 창동역 및 복합환승센터 조성: 광역교통망의 핵심 거점

　양주 덕정~청량리~삼성역~수원 구간을 오가는 수도권광역급행철도(GTX-C)가 창동역을 경유하면서 서울 도심 및 강남권과의 접근성이 획기적으로 개선됩니다. 또한, 창동역은 GTX와 기존 지하철(1호선, 4호선) 노선 간의 환승 편의성을 높이는 복합환승센터로 개발될 예정입니다. 복합환승센터는 기존 역사와 GTX 역사를 통합하고, 대중교통 간 연계를 강화하는 복합적인 공간으로 조성됩니다. 이 사업들이 마무리되면 수도권 광역교통망 개선, 동북권 주민들의 교통편의 증진, 창동역세권 개발과의 시너지가 예상됩니다. GTX-C 개통은 창동역을 수도권 동북부의 광역교통 허브로 만들고, 서울 중심업무지구(CBD), 강남 업무지구(GBD)로의 출퇴근 시간을 대폭 단축시킬 것입니다.

• 동부간선도로 지하화(월릉교~영동대교 구간): 교통 체증 해소 및 수변 공원 조성

　서울 동북부와 강남을 잇는 주요 간선도로인 동부간선도로의 상습 정체 구간(월릉교~영동대교 12.2km)을 지하화하고, 지상 공간에 중랑천과 연계한 대규모 친수공간과 공원 및 녹지, 자전거 도로 등을 조성하는 사업입니다.

창동·상계 일대 중랑천 변을 따라 진행되어 지역 주민들의 삶의 질 향상에 크게 기여할 것입니다. 이 사업은 2026년부터 순차적으로 개통됩니다.

동부간선도로 지하화는 창동/상계 지역의 교통 체증을 획기적으로 개선하고, 무엇보다 강남권과의 접근성이 강점이 될 것입니다. 또 중랑천을 중심으로 한 '물세권' 프리미엄을 강화하여 주변 주거 및 상업 부동산의 가치를 끌어올릴 것입니다.

- 노후 아파트 재건축 활성화: 주거환경 업그레이드 및 자산 가치 상승

창동과 상계 지역은 1980년대 후반에 건설된 대규모 아파트 단지들이 밀집해 있어 재건축 이슈가 활발합니다. 서울시의 재건축 규제 완화 및 용적률 상향 기조에 따라 사업 추진이 가속화될 것으로 예상됩니다.

현재 추진 현황을 살펴보면, 상계주공 5단지 등이 재건축 정밀안전진단을 통과하는 등 사업 추진에 속도를 내고 있고, 일부 단지는 신속통합기획에 참여하여 사업 기간을 단축하고, 용적률 등 인센티브를 적용받을 예정입니다. 노후 아파트의 재건축은 창동·상계 지역의 주거환경을 혁신적으로 개선하고, 신축 아파트 공급을 통해 부동산 가치를 재조정할 것입니다. 새로운 주거 인프라 구축과 함께 지역의 자족 기능 강화 및 교통망 확충이라는 호재가 맞물려 높은 시세 상승을 견인할 것으로 예상됩니다.

2. 창동·상계의 미래 가치 예상 변화

미래 가치를 예측해 보면, 이러한 핵심 개발 호재들이 완성되는 2030년

대 중반 이후, 창동·상계 일대는 동북권의 자족형 복합도시이자 스마트시티로 압도적인 미래 가치를 창출할 것입니다.

• 동북권의 새로운 신경제 중심지

창동 차량기지 및 도봉 면허시험장 부지 개발을 통해 대규모 업무·상업·R&D 기능이 집중되면서 일자리가 풍부한 자족형 도시로 거듭날 것입니다.

• 문화·예술의 허브

서울 아레나 건립은 창동을 K-팝과 대중음악의 중심지로 만들고, 다양한 문화 행사를 통해 유동인구를 끌어들여 지역의 매력을 한층 높일 것입니다.

• 광역교통망의 핵심 거점

GTX-C 노선과 복합환승센터 조성은 창동역을 서울 도심 및 강남권, 수도권 북부와 연결하는 핵심 교통 허브로 만들 것입니다.

• 쾌적한 친환경 주거 도시

동부간선도로 지하화로 인한 중랑천변 공원 조성과 노후 아파트 재건축은 창동·상계 지역의 주거환경을 혁신적으로 개선할 전망입니다.

창동·상계 일대의 핵심 투자처와 예상 가치

창동·상계 일대의 투자 기회는 명확한 개발 방향과 높은 성장 잠재력을 가지고 있습니다.

1. 아파트: 재건축 프리미엄과 자족 기능 강화 수혜

- 핵심 투자처
  - 상계주공 아파트 단지(상계주공 1~16단지 중 재건축 사업 진행 단지).
  - 창동 주공 아파트 단지.
  - GTX-C 창동역 인근 신축/준신축 아파트.

- 투자 포인트
  - 재건축 아파트의 경우, 서울시의 재건축 규제 완화 기조와 대규모 개발 호재(신경제 중심지, GTX)가 맞물려 높은 시세차익을 기대할 수 있

습니다.
- GTX 역세권은 서울 도심 및 강남 접근성 개선으로 직주근접 수요가 증가하고, 신경제 중심지 개발로 인한 일자리 증가는 주거 수요를 더욱 견고하게 할 것입니다.

- 예상 수익률
  - 상계주공 재건축 아파트(전용 84㎡ 기준)의 경우, 현재 매매가 7~10억 원 수준(2025년 5월 기준, 단지별 편차 큼). 재건축 완료 시 신축 가치 및 주변 개발 호재로 15~20억 원 이상 예상(5년 내 50~100% 이상 상승 기대).
  - 창동역 인근 신축/준신축 아파트(전용 84㎡)는 현재 매매가 약 10~13억 원. GTX 개통 및 개발 호재 완료 시 14~18억 원 이상 예상(5년 내 20~40% 이상 상승 기대).

2. 오피스/상가: 신경제 중심지의 업무 수요 및 유동인구 증가 수혜

- 핵심 투자처
  - 창동 차량기지 및 도봉 면허시험장 이전 부지 내 신규 오피스/상업시설.
  - 창동역 복합환승센터 및 주변 상가, 창동 서울 아레나 인근 상업시설.

- 투자 포인트
    - 신경제 중심지 내 상업/업무시설은 대규모 일자리 창출과 유동인구 유입으로 높은 임대수익과 자산 가치 상승을 기대할 수 있습니다.
    - 창동역세권은 GTX 개통 및 서울 아레나 건립 등으로 인한 폭발적인 유동인구 증가는 역세권 상업용 부동산의 가치를 크게 높일 것입니다.

- 예상 수익률
    - 창동역 주변 상가 일부 호실은 연 임대수익률 4.5~6% 이상 목표. 매매가 기준 5년 내 20~40% 이상 상승 기대.
    - 신경제 중심지 내 신규 오피스/상업시설 일부 호실의 경우, 연 임대수익률 5%~6.5% 이상 목표. 매매가 기준 5년 내 30~50% 이상 상승 예상.

3. 오피스텔 / 소형 주택: 신경제 중심지의 직주근접 수요 흡수

- 핵심 투자처
    - 창동역 주변 오피스텔/소형 주택.
    - 신경제 중심지 인근 오피스텔.

- 투자 포인트
  - 대규모 일자리 창출과 교통망 확충으로 인한 직주근접 수요를 바탕으로 안정적인 임대수익을 기대할 수 있습니다.
  - 소액으로 핵심 개발 지역에 진입할 수 있는 장점도 있습니다.

- 예상 수익률
  - 창동역 주변 소형 오피스텔, 전용 20㎡ 기준의 경우, 현재 매매가 2~3.5억 원 수준. 연 임대수익률 4.5~5.5% 이상, 매매가 기준 5년 내 15~25% 이상 상승 기대.

성공 투자를 위한 체크 포인트

1. 투자 시 고려해야 할 리스크 요인들

창동·상계 일대 투자는 일자리 창출과 교통 허브 등 높은 잠재력을 지니지만, 그만큼 투자 전 충분히 고려해야 할 사항들이 있습니다.

- 대규모 개발 사업의 장기화 및 불확실성

창동 차량기지 및 도봉 면허시험장 이전 부지 개발은 그 규모가 크고 복잡하며, 사업 진행이 예상보다 장기화되거나 계획 변경이 있을 수 있습니다(하지만 서울시가 이곳 개발에 적극적으로 나선 상황이어서 부정보다는 긍정이 더 강합니다).

- 노후 아파트 재건축 변수

아파트 재건축은 투자 가치가 높지만, 안전진단과 조합원 간 갈등, 인허가 절차 등 사업 진행의 변수가 많기 때문에 투자 시에는 구입 전에 개별 아파트의 분위기를 잘 살펴야 합니다.

- GTX 개통 지연

　GTX-C 개통은 가장 큰 호재이지만, 실제 개통 시기는 다양한 상황 변화로 지연될 가능성도 있어 투자금 회수에 전략이 필요합니다.

2. 투자 전 알아 두면 좋은 Q&A

　Q. 화이트 존 개발은 무엇이며, 왜 하는지 이유가 궁금합니다.
　A. 서울시가 최근 추진하고 있는 '화이트 존(White Zone)' 개발은 도시의 성장 잠재력을 극대화하고 미래 도시 경쟁력을 확보하기 위한 핵심 전략입니다. '공간혁신구역' 혹은 '도시혁신구역'의 하위 개념이며 도시 내 입지 규제를 최소화해 고밀도·복합 개발을 촉진하는 특구를 말합니다.

　첫째, 규제 완화. 특정 용도로만 사용해야 한다는 제한을 없애고, 높이 제한이나 건물을 지을 수 있는 밀도에 대한 규제를 파격적으로 풀어 줍니다.
　둘째, 복합개발 유도. 주거와 상업, 업무, 문화, 공원 등 다양한 기능을 한 공간에 융합하여 개발할 수 있도록 합니다.
　셋째, 민간의 창의성 발휘. 정부나 지자체의 주도적인 계획보다는 민간의 아이디어와 자율성을 최대한 존중하여 개발이 이루어지도록 유도합니다.

- **'화이트 존' 개발의 주요 배경**

  서울시가 '화이트 존' 개발에 나서는 주요 배경은 아래와 같습니다.

  - 도시 경쟁력 강화: 기존의 획일적인 도시계획 규제로는 급변하는 4차 산업혁명 시대에 맞는 혁신적인 공간을 창출하기 어렵다는 인식에서 세계적인 수준의 융복합단지를 조성하고자 합니다.
  - 직주근접 및 삶의 질 향상: 주거, 업무, 상업, 여가 시설이 한곳에 어우러진 복합 공간을 조성하여 통근 시간을 줄이고, 시민들의 삶의 질을 높이려는 목적입니다.
  - 유휴 부지 및 노후 지역 활용: 도심 내 버려지거나 노후화된 유휴 부지(예: 철도 정비창, 군부대 부지 등)를 효율적으로 활용하여 도시를 재활성화하고 새로운 성장거점으로 만들고자 합니다.
  - 민간 투자 유치 및 활성화: 과도한 규제가 민간의 투자를 위축시킨다는 지적에 따라, 규제 완화를 통해 민간의 자본과 아이디어를 적극적으로 유치하여 개발을 활성화하려는 의도입니다.

- **'화이트 존' 개발 적용 구역 및 기대효과**

  현재 서울에서는 용산 국제업무지구, 양재역, 김포공항역, 청량리역, 독산 공군부대, 광운대 역세권, 창동차량기지, 도봉운전면허시험장 등에서 화이트 존 개발이 적용되고 있습니다. 부동산 측면에서는 △지가 및 부동산 가치 급등 △주변 지역 파급 효과 △수요 집중 및 희소성 증대 △고급 주거 및 상업시설 공급 등의 영향을 가져옵니다.

심층 투자 전략:
광운대역세권 개발의 미래 가치

광운대역세권 복합 개발사업이란?

서울 동북권 개발은 '순풍에 돛을 단 듯' 이미 순항 중입니다. 창동·상계 남측의 '광운대역세권 복합 개발사업'이 바로 그것입니다. 광운대역(1호선) 일대는 과거 철도 물류 기지로서 낙후된 이미지가 강했지만, 현재는 대규모 복합개발과 교통망 확충을 통해 서울 동북부의 핵심 거점으로 탈바꿈되고 있습니다. 동북권의 새로운 심장으로의 도약을 꿈꿉니다.

사업 주체인 HDC현대산업개발이 코레일 측으로부터 광운대역 물류 부지(약 157,000㎡, 47,000평)를 매입하여 직접 개발을 진행하고 있습니다. 총사업비는 약 4조5,000억 원 규모의 초대형 프로젝트입니다. 이 사업은 2028년 하반기 준공을 목표로 공사가 한창 진행 중입니다.

이곳에는 최고 49층 높이의 주상복합 아파트(1,856가구)와 프리미엄 웰니스 레지던스(1,176실)를 포함하여 총 3,032가구의 주거시설이 들어섭니다. 아파트 이름은 가칭 '서울원 아이파크'입니다. 상업/업무시설에는 5성급 호텔(메리어트 서울원 호텔 입점 예정), 대규모 업무시설, 그리고 동북권 최초의 IMAX관을 포함한 대형 쇼핑몰 및 스트리트몰이 조성됩니다.

'광운대역세권 복합 개발사업'이 기대를 모으는 이유는 GTX-C 노선 광운대역과 동부간선도로 지하화 사업, HDC현대산업개발 본사 이전(2028년까지)이 동시에 진행되고 있기 때문입니다. 특히 대기업 본사 이전(1,800여 명의 임직원)은 이 지역의 주거환경, 상업시설 등의 판도에 적지 않은 영향을 미칠 것으로 예상됩니다.

광운대역 일대 개발의 기대효과

광운대역 일대의 이러한 개발 호재들을 긍정적인 측면에서 바라볼 필요가 있습니다.

• 주거 가치 상승

신축 주거공급과 재건축 프리미엄, 직주근접 수요 증가, 교통 편의성 증대 등으로 이어질 것입니다. 재건축의 경우, 광운대역 바로 앞에 위치한 약 4,000세대 규모의 대단지 아파트인 월계동 '미미삼' 재건축(미성, 미륭, 삼호3차 아파트) 사업도 진행 중입니다.

• 상업 · 업무용 부동산 가치 상승

GTX-C 개통과 복합환승센터 조성, 그리고 서울원 아이파크 내 대규모 상업시설에 따른 유동인구 폭증과 일자리 창출 등을 통해 상업 · 업무용 부동산 가치가 새롭게 평가될 것입니다. 또 초고층 빌딩, 호텔, 대형 쇼핑몰 등은 광운대역 일대를 동북권의 새로운 랜드마크로 만들고, 이는 상업용 부동산의 브랜드 가치 상승으로 이어질 것입니다.

광운대역 일대 개발은 단일 사업을 넘어 GTX-C, 재건축, 동부간선도로 지하화 등의 복합적인 호재들이 시너지를 내면서 동북권의 핵심 투자처로 떠오르고 있습니다. 특히 HDC현대산업개발이 직접 개발과 본사 이전까지 추진하는 점은 그만큼 사업의 성공 가능성과 미래 가치에 대한 확신이 높다는 것을 말합니다. 투자지로서 '안전'하다는 의미입니다.

상암·수색

: 서북권 디지털 미디어 허브, 쾌적한 주거와 상업의 조화

상암·수색의 가치:
미래형 미디어·IT 클러스터와 명품 주거단지

과거 난지도를 비롯한 한강변의 낙후된 지역이거나, 오래된 주거지와 철도 부지가 혼재된 변두리 이미지였던 상암동과 수색동 일대는 이제 서울시의 '디지털 미디어시티(DMC)'라는 파격적인 개발계획 아래, 대한민국의 방송·미디어·IT 산업을 이끌어 가는 핵심 거점으로 대대적인 변화를 이끌어 냈습니다. 서울시는 상암·수색 일대를 고용 창출, 문화 인프라 확충, 주거환경 개선을 통한 자족 기능 강화를 실현하고 있습니다. 현재 진행 중인 수색-증산 뉴타운 재개발, DMC역세권 복합개발(롯데몰 등), 경의선 숲길 조성, 그리고 DMC의 지속적인 고도화 등은 이 지역의 경쟁력을 한 단계 더 끌어올릴 핵심 프로젝트들입니다. 여기에 상암 평화의 공원에 세계 최초 '트윈 휠' 대관람차 조성 계획까지 더해져 이 지역은 더욱 강력한 매력을 갖추게 될 것입니다.

특히 수색역은 경의선, 공항철도, 6호선이 지나는 트리플 역세권으로서의 역할을 하며, 향후 추가적인 개발이 기대됩니다. 이처럼 상암과 수색은 과거의 이미지를 벗고 서울 서북부의 새로운 업무·문화·상업·교통의 중심지이자 명품 주거타운으로 자리매김하며 핵심 투자처로 급부상하고 있습니다.

핵심 개발
호재와 예상 변화

1. 상암·수색의 핵심 개발 호재

상암·수색은 이미 동북권의 중요한 기능을 담당하고 있지만, 현재 진행 중이거나 예정된 개발 호재들은 그 기능의 고도화를 착착 진행하고 있습니다.

- DMC의 지속적인 고도화: 대한민국 미디어·IT 산업의 심장

상암동 일대 약 57만㎡ 부지에 조성된 디지털미디어시티(DMC)는 방송, 영화, 게임, 애니메이션 등 미디어·엔터테인먼트 산업과 IT, 소프트웨어 등 첨단 디지털 콘텐츠 산업을 집적화한 첨단 복합단지입니다. 이미 MBC, SBS, JTBC 등 주요 방송국과 수많은 미디어·IT 기업들이 입주하여 대한민국을 대표하는 미디어 허브로 기능하고 있습니다.

DMC는 여전히 미디어·IT 관련 기업들의 입주 수요가 높아 추가적인 업무 공간 개발 및 기업 유치를 지속적으로 추진하고 있습니다. DMC는

상암동 일대에 수많은 고소득, 고부가가치 일자리를 창출하고 있으며, 이는 주변 주거지의 탄탄한 직주근접 수요를 보장하고, 상업시설에도 활력을 불어넣어 상암동 부동산 가치 상승의 핵심 동력이 되어 왔습니다.

• **수색-증산 뉴타운 재개발: 서북권 대표 명품 주거타운 조성**

은평구 수색동과 증산동 일대의 노후 주거지를 재개발하여 15,000여 가구의 대규모 신축 아파트 단지로 조성하는 사업입니다. 수색역세권 복합개발과 연계하여 주거·상업·교통이 유기적으로 연결된 자족 가능한 명품 주거타운을 만들어 가고 있습니다.

수색-증산 뉴타운은 수색1구역(DMC롯데캐슬더퍼스트), 수색2구역(DMC파인시티자이), 수색4구역(DMC아트포레자이) 등 다수의 구역으로 나뉘어 단계적으로 개발이 진행되고 있습니다. 대부분의 구역이 이미 입주를 완료했거나 입주를 앞두고 있으며, 일부 구역은 사업이 진행 중입니다. 수색-증산 뉴타운은 낡고 낙후되었던 수색·증산 일대를 대규모 신축 아파트 단지로 탈바꿈시키며 주거환경의 질을 획기적으로 향상시켰습니다.

• **수색역세권 복합개발(롯데몰 등): 서북권의 새로운 상업·교통 허브**

이 사업은 수색역과 DMC역 일대 철도 부지(약 22만㎡)를 개발하여 업무, 상업, 문화, 숙박시설 등을 갖춘 서북권의 핵심 상업·교통 복합단지를 조성 중입니다. 특히 롯데그룹이 복합쇼핑몰(롯데몰)을 포함한 대규모 개발을 추진하고 있습니다. DMC역 인근 부지에 롯데쇼핑이 대규모 복합쇼핑몰을 포함한 상업시설, 오피스, 문화시설 등을 개발할 예정입니다. 최근 서울시와 롯데쇼핑 간 협의를 통해 사업 재개를 위한 움직임이 활발하며, 2024년 2월 '롯데쇼핑 복합쇼핑몰' 건립 계획이 승인된 바 있습니다(사업 추진을 위한 여러 절차가 진행 중이며 부지는 공영주차장으로 임시 사용되고 있는 상태임). 경의선, 공항철도, 6호선이 지나는 수색역에 복합환승센터를 구축하여 광역교통 허브 기능을 강화할 예정입니다.

• 경의선 숲길 조성 및 월드컵 공원 연계: 쾌적한 도심 속 녹지 공간 확대
  용산구 효창공원 앞에서 파주까지 이어진 경의선 폐철도 부지를 공원으로 조성하는 '경의선 숲길 공원'이 수색역 인근까지 이어지며, 상암동의 대규모 녹지 공간인 월드컵 공원(하늘공원, 노을공원 등)과의 연계가 강화됩니다. 홍대 입구~가좌역 구간은 이미 공원 조성이 완료되었으며, 수색역 인근 구간까지 단계적으로 연장될 예정입니다. 경의선 숲길과 월드컵 공원과의 연계는 상암/수색 일대에 도심 속의 쾌적한 녹지 공간을 대폭 확대하여 주민들의 삶의 질을 크게 향상시킬 것입니다.

• 세계 최초 '트윈 휠' 대관람차 조성: 새로운 랜드마크와 관광 명소 탄생
  마포구 상암동 월드컵공원 내 평화의 공원에 세계 최초로 두 개의 고리가 교차하는 형태의 트윈 휠 대관람차인 '서울링(Seoul Ring)'을 조성하는 계획이 추진 중입니다. 약 180m 높이의 비고정형(고정 기둥이 없는) 트윈 휠 형태로 계획되고 있어, 세계적인 랜드마크로 자리매김할 잠재력을 가지고 있습니다. 서울의 새로운 상징물을 조성하고, 관광객 유치를 통해 지역 경제를 활성화하며, 시민들에게 새로운 문화·여가 경험을 제공하는 것이 목표입니다. '서울링' 트윈 휠 대관람차는 상암/수색 지역을 넘어 서울의 새로운 랜드마크이자 세계적인 관광 명소로 자리매김할 것입니다.

▲ 서울의 랜드마크로 우뚝 설 세계 최초 트윈 휠 대관람차인 '서울링' 조감도

2. 상암·수색의 미래 가치 예상 변화

이 같은 핵심 개발 호재들이 완성되는 2030년대 중반 이후, 상암·수색 일대는 서북권의 자족형 스마트 미디어·라이프스타일 도시로 재탄생할 것입니다.

• 대한민국 미디어·IT 산업의 핵심 거점
  DMC의 지속적인 고도화와 고부가가치 기업 유치는 상암을 미디어·IT 산업의 메카이자 혁신 클러스터로서의 위상을 확고히 할 것입니다.

• 최고급 주거단지와 대규모 상업·문화시설이 어우러진 복합도시
  수색–증산 뉴타운의 성공적인 정착과 수색역세권 복합개발(롯데몰 등)

은 상암·수색을 최고급 주거단지와 대규모 상업·문화시설이 어우러진 서북권 최고의 복합도시로 만들 것입니다.

• 광역교통망의 핵심 요충지

경의선, 공항철도, 6호선의 트리플 역세권인 DMC역과 수색역을 중심으로 한 광역교통망의 강화는 서울 도심 및 강남권, 그리고 인천국제공항과의 연결성을 극대화하여 지역의 위상을 더욱 높일 것입니다.

• 쾌적한 '그린 프리미엄' 도시

경의선 숲길 연장과 월드컵 공원 연계는 상암·수색 일대에 도심 속의 대규모 녹지 공간을 제공하며, 쾌적하고 살기 좋은 '그린 프리미엄' 도시로서의 매력을 더할 것입니다.

상암·수색 일대의 핵심 투자처와 예상 가치

상암·수색 일대는 명확한 개발 방향과 높은 성장 잠재력을 가지고 있는, 실패하지 않는 투자지입니다.

1. 아파트: 뉴타운 신축 프리미엄과 DMC 직주근접 수혜

- 핵심 투자처
    - 수색-증산 뉴타운 신축 아파트 단지(DMC롯데캐슬더퍼스트, DMC파인시티자이, DMC센트럴자이 등).
    - 상암동 월드컵파크 단지.
    - 향후 수색역세권 개발 내 주상복합.

- 투자 포인트
  - 수색-증산 뉴타운은 대규모 신축 아파트 단지로서 주거환경이 획기적으로 개선되었으며, DMC의 풍부한 직주근접 수요를 바탕으로 높은 시세 상승을 기대할 수 있습니다.
  - 상암 월드컵파크는 DMC와 월드컵 공원의 직접적인 수혜를 입는 단지로, 탄탄한 수요를 바탕으로 안정적인 가치를 유지하며 상승 여력을 가집니다.

- 예상 수익률
  - 수색-증산 뉴타운 신축 아파트(전용 84㎡ 기준)의 경우, 현재 매매가 11~15억 원 수준(2025년 5월 기준). 수색역세권 개발 완료 및 인프라 확충 시 15~20억 원 이상 예상(5년 내 20~50% 이상 상승 기대).
  - 상암동 월드컵파크 아파트(전용 84㎡)는 현재 매매가 13~17억 원. DMC 고도화 및 주변 개발 호재 완료 시 16~20억 원 이상 예상(5년 내 15~30% 이상 상승 기대).

2. 오피스/상가: DMC의 업무 수요 및 수색역세권의 유동인구 증가 수혜

- 핵심 투자처
  - DMC 내 기존 및 신규 오피스/상업시설.
  - 수색역세권 복합개발 내 신규 상업/업무시설(롯데몰 DMC역 및 주변).

- DMC역 인근 상업시설.

- 투자 포인트
  - DMC 오피스/상가는 고소득 전문직 종사자가 많은 DMC의 특성상 탄탄한 업무 수요와 소비력을 바탕으로 높은 임대수익과 자산 가치 상승을 기대할 수 있습니다.
  - 롯데몰 등 대형 상업시설은 압도적인 유동인구 유입과 함께 서북권의 새로운 상업 중심지로 부상하며 상업용 부동산의 가치를 크게 높일 것입니다.
  - 대관람차 조성 시 상업시설로의 유동인구 유입이 더욱 증대되어 상업적 가치가 추가 상승할 수 있습니다.

- 예상 수익률
  - DMC 내 오피스 빌딩과 수색역세권 신규 상업시설 일부 호실의 경우, 연 임대수익률 4~6% 이상 목표. 매매가 기준 5년 내 20~50% 이상 상승 기대.

3. 오피스텔/소형 주택: DMC 업무 수요 및 1인 가구 주거 수요 흡수

- 핵심 투자처
  - DMC역 주변 오피스텔/소형 주택.

- 수색역 주변 오피스텔.

- 투자 포인트
  - 오피스텔/소형 주택의 경우 DMC의 탄탄한 업무 수요와 편리한 교통망을 바탕으로 안정적인 임대수익을 기대할 수 있습니다.
  - 소액으로 핵심 지역에 진입할 수 있는 장점도 있습니다.
  - 트윈 휠 대관람차 조성으로 인한 관광객 증가는 단기 숙박 및 임대 수요를 증가시킬 수 있습니다.

- 예상 수익률
  - DMC역 주변 소형 오피스텔, 전용 20㎡ 기준으로 현재 매매가 2.5~4억 원 수준. 연 임대수익률 4.5~5.5% 이상, 매매가 기준 5년 내 15~25% 이상 상승 기대.

4. 투자 전 알아 두면 좋은 Q&A

Q. 마포구 상암동 월드컵공원에 설치되는 '서울링 트윈 휠 대관람차'는 서울의 랜드마크가 될 수 있을까요?

A. '서울링(Seoul Ring)'의 특징은 다음과 같습니다.
  △ 세계 최초로 두 고리가 교차하는 '트윈 휠(Twin Wheel)' 형태.
  △ 지름 180m 규모로 살이 없는(Spokeless) 디자인으로는 세계 최대.
  △ 캡슐 64개에 한 주기당 1,440명이 탑승.

△ 대관람차를 지상 40m까지 들어 올려 탁 트인 경관을 최대한 확보.

△ 총사업비 약 9,000억 원.

△ 하부에는 공연 및 전시장, 집라인 등 레저시설이 들어설 예정.

'서울링 트윈 휠 대관람차'는 세계 최초의 구조적 혁신과 서울 도심에 가까운 복합공간 조성으로 인해 서울의 새로운 랜드마크로 충분한 자격이 있습니다. 타임머신을 타고 미래로 한번 가 볼까요.

2030년, 서울에 '하늘이 두 번 도는' 날이 왔다!

"저기 봐! 바퀴가 둘이나 돌아가!"

한강변을 따라 산책하던 외국인 관광객이 외친다.

서울의 하늘 위, 거대한 두 개의 원형 구조물이 마치 시간을 돌리는 시계처럼 천천히 회전하고 있다. 그것은 바로…. 세계 최초 수평 이중 대관람차, '트윈 휠(Twin Wheel)'!

한강변은 이제 '서울의 라스베이거스'

낮에는 아이와 가족이, 밤에는 연인과 유튜버가 몰려드는 도심형 관광·문화 클러스터가 형성된다.

도심 전체가 내려다보이는 회전 전망대, LED 미디어쇼 & 드론 퍼포먼스, 360도 회전 중 쇼핑?! 관람차 내부 팝업스토어 등장.

"김포? 인천? 아냐. 트윈 휠 보고 왔어!"

외국인 관광객이 서울에 오면 꼭 찍는 셀카 3종 세트는? ① 경복궁 앞

한복 입은 사진, ② 명동에서 떡볶이 먹는 짤, ③ 트윈 휠 배경으로 날아오르는 한강 야경 샷.

관광객 1천만 명 시대? 트윈 휠 덕분에 서울은 '아시아 관광 수도'로 떠오른다.

서울 시민들도 "제발 주말엔 안 갔으면…" 하면서도 또 가고 싶은 '무한 루프 성지'.

경제는 돌고 돈다! 트윈 휠 하나 들어섰을 뿐인데…

- 관광 매출: 연 1조 원 이상 경제 유발 효과
- 주변 부동산 가치 상승: 상암, 마포, 여의도 상권 '들썩들썩'
- 호텔·쇼핑몰·레스토랑 줄줄이 개장
- 신교통망 확충: 트윈 휠 정류장을 중심으로 S-BRT와 수소셔틀 도입

트윈 휠은 단순한 구조물이 아니다.

그건 도시의 자존심, 청춘의 회전문, 사랑의 고백 장소이며…

무엇보다도 서울이 '하늘을 두 번 도는 도시'로 기억되는 이유다.

서울은 돌고, 경제는 돌고, 사랑도 돈다.

그리고 우리는, 그 위에서 추억을 만든다.

심층 투자 전략:
역세권 개발 & 유망 역세권 10곳 분석

서울 부동산의 큰 흐름, '역세권 개발'

현재 서울 부동산의 큰 흐름은 바로 '역세권 개발'입니다. 서울시는 지하철역 주변을 고밀·복합 개발하여 직주근접 콤팩트시티를 구현하는 '역세권 활성화 사업'을 강력하게 추진하고 있습니다.

최근 서울시는 역세권 범위도 기존 반경 250m에서 350m로 확대하고, 간선도로변 노선형 상업지역까지 사업 대상에 포함시키는 등 파격적인 대책들을 시행 중입니다. 이는 토지주의 사업성을 높여 개발을 적극적으로 유도하겠다는 것입니다. 이 사업의 핵심은 역세권 토지의 용도지역을 상향하고, 증가한 용적률의 일부를 공공임대주택, 생활서비스시설 등 공공기여로 확보하는 것입니다. 역세권 개발의 전제 조건은 종상향 또는 지구단위계획 수립을 들 수 있습니다.

무엇보다 역세권 내 '2종 또는 3종일반주거지역이 준주거나 상업지역'으로 종상향이 이루어져야 폭발적인 고밀 복합개발의 토대가 마련되는 것입니다. 중요한 사실은 이런 과정에서 토지 용적률이 크게 늘어나기 때문에 토지주는 개발 이익을 통해 상당한 자산 가치 상승을 기대할 수 있다는 점입니다. 역세권 투자란 바로 이런 지역을 '선점'하는 것이라고 할 수 있습니다.

역세권 투자 성공을 위한 체크 포인트

역세권 투자의 성공을 위해서는 다음과 같은 기준을 명확히 잡는 것이 좋습니다.

- 현재 상업지역이 아니거나, 상업지역 비율이 낮음(혹은 기존 상업지역이 노후화되어 재정비 필요).
- 지구단위계획이 확정되지 않았거나, 수립/재정비 움직임이 있는 곳.
- 인근에 대규모 주거지(재건축/재개발) 또는 대규모 일자리 유입 계획이 있는 곳.
- 교통 요충지(환승역, GTX 예정 등)의 잠재력을 가진 곳.
- 북권 대개조 정책의 수혜가 예상되는 곳.

서울 유망 역세권 10곳

이를 토대로 '서울 유망 역세권 10곳'을 예상해 보겠습니다.

- **창동역 일대(도봉구)**
  - 현재: 역 주변에 2/3종 주거지역과 저밀도 상업지역이 혼재.
  - 잠재력: '서울 아레나', '동북권 신경제 중심지' 등 대규모 복합개발이 진행 중이며, GTX-C 노선 확정, KTX 연장 논의가 활발합니다. 기

존 주거/준주거 지역의 상업지역으로의 용도 변경 압력을 크게 높일 것이며, '화이트 사이트'를 적용합니다.

- 광운대역 일대(노원구)
  - 현재: 역 주변에 2/3종 주거지역과 옛 시멘트 공장 부지, 물류창고 부지 등 노후화된 산업/유휴 부지 혼재.
  - 잠재력: '광운대역세권 개발사업'을 통해 주거·업무·상업·문화 복합시설이 대규모로 들어설 예정입니다. GTX-C 정차도 예정되어 있어 동북권의 핵심 개발 거점으로 부상 중입니다.

- 수색역 일대(은평구 / 서대문구 경계)
  - 현재: 수색역 인근에 노후 공장, 저층 주택, 철도 부지 등 준공업지역 및 2/3종 주거지역 혼재.
  - 잠재력: DMC와 연계된 업무·상업 복합개발이 추진 중입니다. 잠재력 높은 '전략 개발 거점'으로 계획되고 있어, 대규모 상업지역 전환이 유력하게 점쳐집니다.

- 망우역 일대(중랑구)
  - 현재: 2/3종 주거지역과 저밀도 상업시설 및 노후 주택 밀집.
  - 잠재력: KTX, GTX-B(예정), 경의중앙선, 경춘선, 7호선 등 다수의 철도 노선이 지나가는 환승 허브임에도 불구하고 역세권 개발이 더딥니다. 향후 중랑구의 핵심 개발 축이자 동북권 교통 거점으로서 대규모 상업/업무시설 도입을 위한 용도 상향이 적극적으로 추진될 가

능성이 높습니다.

- 방학역 일대(도봉구)
  - 현재: 도봉구청 주변은 행정 중심지임에도 2/3종 주거지역이 많고, 방학역 주변도 노후 주거지.
  - 잠재력: 우이신설 연장선(솔밭공원~방학역) 개통으로 방학역이 환승역이 될 예정입니다. 도봉구청 일대 역시 '지역중심'으로서 행정-업무-상업 기능 강화를 위한 고밀 개발이 유도될 수 있습니다.

- 가리봉동 일대(구로구, 구로/가산디지털단지 인접)
  - 현재: 가산디지털단지 인근이지만 노후도가 심한 2/3종 주거지역과 일부 준공업지역 혼재.
  - 잠재력: G밸리(구로/가산디지털단지)의 업무 인구 수요가 매우 풍부함에도 배후 상업/주거/업무 기능이 부족한 상황입니다. 낙후된 주거지를 정비하고 디지털단지와 연계된 상업·업무 복합 기능 강화가 강력하게 추진될 수 있습니다.

- 서울대벤처타운역 일대(관악구, 신림선)
  - 현재: 신림선 개통 전까지는 지하철 접근성이 떨어지던 2/3종 주거지역.
  - 잠재력: 신림선 개통으로 역세권이 형성되었고, '서울대 벤처 타운'이라는 이름처럼 벤처 기업 및 관련 산업 육성 의지가 강합니다.

- **신설동역 일대(동대문구)**
    - 현재: 1호선, 2호선, 우이신설선 트리플 역세권임에도 불구하고, 주변이 노후 상업지역과 2/3종 주거지역의 혼재로 낙후도가 높음.
    - 잠재력: 엄청난 교통 인프라에도 불구하고 개발이 지체되었습니다. 서울시 동북권 개발 및 도심 재생 계획에 따라 역세권 활성화 사업이나 지구단위계획 재정비를 통해 주변 주거지역의 상업지역 전환 및 기존 상업지역의 고밀도 개발이 추진될 가능성이 높습니다.

- **가락시장역 인접 일부 지역(송파구)**
    - 현재: 가락시장 주변으로 2/3종 주거지역 및 준주거지역이 혼재되어 있으며, 특히 아파트 단지를 제외한 저층 노후 주택 및 상가 밀집 지역.
    - 잠재력: 가락시장 현대화 사업이 진행 중이며, 향후 서울 동남권의 '푸드테크 중심지'로 육성될 계획입니다. 이는 단순 농수산물 시장을 넘어 업무·연구·상업 기능을 복합적으로 유치하겠다는 의미입니다.

- **역촌역·녹번역 일대(은평구)**
    - 현재: 대규모 재개발/재건축(녹번역 이편한세상 캐슬, 백련산 해모로 등)으로 인해 새로운 대단지 아파트가 들어서면서 2/3종 주거지가 주를 이룸.
    - 잠재력: 대규모 신규 인구 유입에 비해 역세권 주변의 상업/업무시설이 부족합니다. 인구 밀집도 상승에 맞춰 역세권 활성화를 통한 상업지역 확대 및 고밀 복합개발의 필요성이 커지고 있습니다.

실제 용도지역 변경은 매우 어렵고, 오랜 시간과 여러 변수(경제 상황, 주민 동의, 행정 절차, 공공 기여 등)가 개입되므로 절대적 확정은 어렵습니다. 하지만, 이 선정은 현재 시점(2025년 6월)의 도시계획 정책 방향, 개발 논의, 그리고 전문가들의 분석을 바탕으로 한 잠재력 평가라 할 수 있습니다.

투자를 고려한다면, 반드시 해당 지역의 구체적인 도시관리계획, 지구단위계획, 관련 보도자료, 그리고 가장 중요한 서울시 및 구청의 공식적인 발표 내용을 직접 확인하고 전문가의 도움을 받기를 강력히 권해 드립니다.

마곡

: 지식산업의 메카, 첨단 R&D 고용 중심지로 성장

마곡의 가치:
허허벌판에서 대한민국 미래 산업의 심장부로 도약

과거 서울 서남권의 허허벌판이자 김포공항 인근의 개발제한구역이었던 마곡동 일대는 서울시의 '마곡 도시개발사업'이라는 대규모 프로젝트를 통해 대한민국의 미래를 이끌어 갈 첨단 R&D 산업단지이자 지식산업 기반 고용 중심지로 대대적인 변모를 이루었습니다.

서울시는 마곡 일대를 첨단 산업 육성, 고용 창출, 주거 · 상업 · 문화 기능을 강화하여 서남권의 핵심 거점으로 육성 중입니다. 현재 LG사이언스파크를 비롯한 대기업 R&D센터와 다수의 강소기업이 입주를 완료했으며, 이화여자대학교 서울병원 개원, 마곡나루역 주변 상업지구 활성화, 서울식물원 조성 등 도시 인프라가 빠르게 구축되고 있습니다.

특히 지하철 5/9호선, 공항철도, 김포골드라인에 서해선까지 지나는 '퀸튜플(5개 노선)' 역세권으로서 강남, 도심, 인천국제공항은 물론 수도권 서부 지역과의 접근성이 뛰어나 최고의 비즈니스 허브로 각광받고 있습니다. 이처럼 마곡은 과거의 이미지를 벗고 서울 서남부의 새로운 업무 · 연구 · 주거 · 문화의 중심지이자 미래 가치 핵심 투자처로 급부상하고 있습니다.

마곡은 종종 '서남권의 판교'라 불리며 판교 테크노밸리와 비교되곤 합니다. 두 지역 모두 최첨단 IT 및 R&D 산업을 중심으로 조성된 계획도시이자 자족형 도시라는 공통점을 가집니다. 그러나 각자의 지향점과 발전 과정에는 차이가 있으며, 이는 마곡의 독자적인 미래 비전을 더욱 돋보이게 합니다.

판교가 대한민국 IT 산업의 실리콘밸리로서 소프트웨어와 게임 산업을 중심으로 성장했다면, 마곡은 바이오 및 미래 융복합 첨단산업의 글로벌 연구개발 (R&D) 허브를 지향합니다. 마곡은 특히 바이오기술(BT) 분야에 강점을 가지고 있으며, 이화여자대학교 서울병원과 연계한 의료 연구개발(R&D) 클러스터 구축, LG사이언스파크의 첨단 연구 역량을 기반으로 바이오 · 의료 산업의 전진기지 역할을 수행할 것입니다.

또한, 아직 개발이 진행 중인 마이스(MICE) 복합단지는 마곡을 국제 비즈니스와 문화 교류의 중심지로 격상시킬 핵심 동력입니다. 컨벤션센터, 호텔, 상업시설이 어우러진 대규모 복합단지는 국제회의, 전시회 등 대규모 행사를 유치하며 글로벌 기업들의 비즈니스 허브로서 마곡의 위상을 강화할 것입니다. 이는 단순한 산업단지를 넘어선 '글로벌 비즈니스 스마트시티'로의 도약을 의미합니다.

앞으로 마곡은 판교와 더불어 대한민국 첨단산업을 이끄는 양대 축이지만, 바이오를 포함한 미래 융복합 산업과 국제 비즈니스 역량 강화를 통해 '글로벌 연구개발(R&D) 및 비즈니스 특화 도시'라는 마곡만의 독자적인 위상을 구축해 나갈 것입니다.

[마곡 vs 판교 vs 가산·대림 현황 비교(2023년 기준)]

구분	마곡	판교	가산·대림
개발 시기	2000년대 중반~현재(본격 개발은 2010년 이후)	2000년대 초반~현재(판교신도시 2005년 분양, 2011년 테크노밸리 본격화)	1970~80년대 구로공단 시작, 2000년대 이후 G밸리로 전환, 현재 재정비 및 고도화 중
입지 특성	서울 강서구에 위치, 김포공항·인천공항과 가까움, 지하철 5·9호선, 공항철도 등 교통 발달	분당과 강남 접근성 우수, 경부고속도로 및 신분당선 인접	서울 금천·구로 일대, 서부간선도로, 남부순환로 인접, 지하철 1·2·7호선 교차
주요 산업	바이오, AI, 친환경 에너지, R&D, 스마트기술 등	ICT, 게임, 소프트웨어, AI, 자율주행, 빅데이터, 헬스케어 등	IT, SW, 디자인, 스마트제조, 유통, 의류, 물류 등 복합 산업군
주요 기업	LG사이언스파크(LG를 계열사 총집결), 롯데, 코오롱, 이랜드, 에쓰오일 등	네이버, 카카오, 엔씨소프트, SK C&C, 더존비즈온, NHN, 엔씨 등	한컴, 다존ICT그룹, 유진로봇, 중소 IT·SW 벤처 기업 다수, 스타트업 입점
근로자 수	약 10만 명 이상(예상치 포함)	약 8만 명 이상(판교 제1·2·3 테크노밸리 포함 시)	약 15만 명 이상
총매출액	약 90조 원 이상	약 150조 원 이상	약 90조 원 이상
도시 특성	서울 내 마지막 대규모 개발지, 산업·주거·상업 복합기능 도시, 친환경 생태도시 지향	대한민국 대표 IT·디지털 산업 클러스터, 고급 오피스 밀집, 청장년층 인프라 우수	디지털산업단지 중심, 다문화·노후주거 혼재, 산업+상업+주거 복합지역
발전 방향	글로벌 바이오·AI 허브 지향 '미국 스마트시티' 조성 중	K-실리콘밸리 지향 제2, 제3테크노밸리 개발 지속, 글로벌 혁신기업 유치 강화	G밸리 재도약 프로젝트 스마트산업 육성 다문화 공존 도시모델+주거환경 개선 추진

182　　서울 핵심 투자 15곳

핵심 개발 호재와 예상 변화

1. 마곡의 핵심 개발 호재

마곡은 현재에도 서울 서남권의 중요한 기능을 담당하지만, 현재 진행 중이거나 예정된 개발 호재들을 고려할 때 앞으로가 더 기대되는 지역입니다.

• **마곡 첨단 R&D 산업단지의 고도화: 대한민국 미래 산업의 엔진**

서울 강서구 마곡동 일대 약 366만㎡ 부지에 조성된 마곡산업단지는 대기업 연구개발 센터와 중소기업 연구시설이 집적화한 첨단산업 클러스터가 구축 중입니다. 바이오기술(BT), 정보기술(IT), 녹색기술(GT), 나노기술(NT) 등 미래 핵심 기술 산업이 육성되고 있습니다.

LG사이언스파크(LG그룹 통합 연구개발 센터), 코오롱, 이랜드, 넥센타이어 등 국내 유수의 대기업 및 연구기관이 입주를 완료했거나 진행 중입니다. 마곡산업단지는 여전히 첨단 연구개발 기업들의 입주 수요가 높아, 추가적인 업무 공간 개발 및 강소기업 유치를 지속적으로 추진하고 있습니다. 이러한 마곡 첨단 연구개발 산업단지는 수많은 고소득, 고부가가치 일자리를 창출하며 지역 경제를 활성화시키고 있습니다.

- 마곡 마이스(MICE) 복합단지 개발: 서남권 국제 비즈니스와 문화의 허브

   마곡지구 내 특별계획구역에는 컨벤션센터, 호텔, 업무시설, 상업시설 등을 포함하는 대규모 마이스 복합단지가 조성됩니다. 사업자 변경 등 우여곡절을 겪기도 했지만, 현재 새로운 사업자가 참여하여 본격적인 개발이 가시화되고 있습니다. 이는 서울 서남권의 국제 비즈니스 역량 강화와 대규모 행사 유치를 통해 지역 경제 활성화와 비즈니스 관광 수요를 충족시키기 위함입니다. 마곡 마이스 복합단지는 대규모 국제회의, 전시회 개최가 가능한 컨벤션 시설과 이를 지원하는 호텔, 상업시설 등을 통해 마곡을 국제적인 비즈니스 교류의 중심지로 만들 것입니다.

- 서울식물원 및 마곡나루역 상업지구 활성화: 쾌적한 도시환경과 풍부한 생활 인프라

   마곡지구 내 약 50만㎡ 규모로 조성된 서울식물원은 식물원과 공원이 결합된 서울의 대표적인 녹지 공간입니다. 또한, 9호선 마곡나루역 주변은 업무시설과 함께 다양한 상업시설, 문화시설이 집중되어 마곡의 핵심 생활권으로 성장하고 있습니다. 서울식물원은 마곡에 '숲세권' 프리미엄을 더하면서 산업단지와 주거, 상업 부동산의 가치를 높이는 일등 공신 역할을 하고 있습니다.

- 의료 연구개발(R&D) 클러스터 구축: 첨단 의료 서비스 및 연관 산업 시너지

  마곡지구 내 이화여자대학교 서울병원이 개원하여 의료 서비스 제공뿐만 아니라, 마곡 산업단지의 바이오기술(BT) 산업과 연계하여 의료 연구개발(R&D) 클러스터를 구축하는 역할을 수행하고 있습니다. 지난 2019년 개원한 이화여자대학교 서울병원은 지역 거점 병원으로서 마곡 내 바이오 기업들과의 협력을 통해 신약 개발, 의료기기 연구 등 첨단 의료 분야의 시너지를 창출하고 있습니다.

- 김포공항 도시재생 혁신지구 조성 및 교통 허브 도약: 미래 모빌리티 거점

  마곡지구와 인접한 김포공항 일대(강서구 공항동 1373 일대)가 '김포공항 도시재생 혁신지구'로 지정되어 대대적인 복합개발이 추진됩니다. 이 사업의 목적은 노후화된 공항 시설을 복합개발하고, 미래 신성장 산업 거점과 국제·광역교통 거점을 구축하여 공항복합도시로 거듭나기 위함입니다. 총사업비로 약 2조 9,000억 원이 투입될 예정입니다.

  김포공항역은 현재 지하철 5/9호선, 공항철도, 김포골드라인, 서해선이 지나고 있는데, 오는 2030년까지 도심항공교통(UAM) 이착륙장 및 복합환승시설까지 준공될 예정입니다. 이로써 김포공항역은 명실상부한 국내 최고 수준의 '초대형 교통 허브'로 기능하게 될 것입니다.

2. 마곡의 미래 가치 예상 변화

이런 중요 핵심 개발 호재들이 완성되는 2030년대 중반 이후, 마곡 일대는 압도적인 미래 가치를 창출할 것입니다.

- 대한민국 첨단 연구개발(R&D) 산업의 심장

  마곡산업단지의 지속적인 고도화와 글로벌 기업 유치는 마곡을 바이오기술(BT), 정보기술(IT), 녹색기술(GT), 나노기술(NT) 등 미래 핵심 기술 산업의 메카이자 혁신 클러스터로서의 위상을 확고히 할 것입니다.

- 서남권의 국제 비즈니스 및 문화 중심지

  마곡 마이스(MICE) 복합단지 개발은 마곡을 대규모 국제회의, 전시회, 비즈니스 교류가 활발히 이루어지는 국제적인 비즈니스 허브로 만들 것입니다.

- 압도적인 교통의 요충지

  지하철 5/9호선, 공항철도, 김포골드라인, 서해선 등 퀸튜플 역세권에 더해 김포공항의 도심항공교통(UAM) 허브화 계획은 서울 도심, 강남권, 인천국제공항은 물론 수도권 전역과의 연결성을 극대화하여 지역의 위상을 더욱 높일 것입니다.

- 쾌적하고 편리한 자족형 도시

  서울식물원을 통한 녹지 공간 확보와 마곡나루역 상업지구의 활성화는 마곡을 쾌적하고 살기 좋은 '그린 프리미엄'과 풍부한 생활 인프라를 갖춘 자족형 도시로 만들 것입니다.

마곡 일대의 핵심 투자처와 예상 가치

마곡 일대의 투자 기회는 명확한 개발 방향과 높은 성장 잠재력을 가지고 있습니다. 일자리 창출, 고도 제한 완화 등 다양한 호재들이 이어지면서 재건축/재개발사업이 활기를 띨 것으로 예상됩니다.

1. 아파트: 직주근접 및 신축 프리미엄 수혜

- 핵심 투자처
    - 마곡지구 내 신축 아파트 단지(마곡엠밸리 아파트 단지 등).
    - 김포공항 인근 및 발산역 인근 재건축/재개발 잠재 단지.

- 투자 포인트
    - 마곡산업단지의 풍부한 고소득 직장인 수요를 바탕으로 탄탄한 직주근접 프리미엄을 누릴 수 있습니다.

- 마이스(MICE) 복합단지 개발 및 김포공항 혁신지구 개발 등 추가적인 대형 호재가 완료되면 주거 가치 상승 여력이 충분합니다.

- 예상 수익률
  - 마곡 엠밸리 아파트 전용 84㎡ 기준으로, 현재 매매가 13~17억 원 (2025년 5월 기준, 단지별 편차 큼). 마이스(MICE) 개발 완료 및 산업단지 고도화, 김포공항 혁신지구 연계 시 16억~22억 원 이상 예상(5년 내 15~30% 이상 상승 기대). 향후 김포공항 고도 제한이 완화될 경우 더 큰 수익을 기대할 수 있습니다.

2. 오피스/상가: 첨단 산업단지의 업무 수요 및 마이스(MICE)/공항 유동인구 증가 수혜

- 핵심 투자처
  - 마곡산업단지 내 오피스 빌딩.
  - 마곡나루역/마곡역 인근 상업시설.
  - 마곡 마이스(MICE) 복합단지 내 신규 상업/업무시설.
  - 김포공항 혁신지구 내 신규 상업/업무시설.

- 투자 포인트
  - 마곡산업단지의 안정적인 고소득 업무 수요를 바탕으로 높은 임대수익과 자산 가치 상승을 기대할 수 있습니다.

- 마이스(MICE) 복합단지 개발이 완료되면 대규모 비즈니스 유동인구와 관광객 유입으로 상업시설의 가치가 크게 상승할 것입니다.
- 김포공항 혁신지구 개발은 마곡 인근 상업·업무시설의 가치를 더욱 높일 것입니다.

- 예상 수익률
    - 마곡산업단지 내 오피스 빌딩과 마곡나루역 상업시설 일부 호실의 경우, 연 임대수익률 4~6.5% 이상 목표. 매매가 기준 5년 내 25~60% 이상 상승 기대.

3. 오피스텔/소형 주택: 산업단지 직장인 및 1인 가구 주거 수요 흡수

- 핵심 투자처
    - 마곡나루역, 마곡역 인근 오피스텔/도시형 생활주택.

- 투자 포인트
    - 마곡산업단지의 탄탄한 업무 수요와 편리한 교통망을 바탕으로 안정적인 임대수익을 기대할 수 있습니다.
    - 소액으로 핵심 지역에 진입할 수 있는 장점이 있으며, 역세권 입지는 1인 가구 및 신혼부부 등에게 인기가 많아 꾸준한 임대 수요를 확보할 수 있습니다.

- 마이스(MICE) 개발 및 김포공항의 비즈니스 기능 강화로 인한 비즈니스 및 단기 체류 수요 증가도 기대할 수 있습니다.

- 예상 수익률
  - 마곡나루역 주변 소형 오피스텔, 전용 20㎡ 기준으로, 현재 매매가 2.8~4.5억 원 수준. 연 임대수익률 4.5~5.8% 이상, 매매가 기준 5년 내 15~30% 이상 상승 기대.

성공 투자를 위한 체크 포인트

1. 투자 시 고려해야 할 리스크 요인들

마곡 일대 투자는 일자리 집중지역이어서 앞으로도 높은 부동산 잠재력을 지니고 있습니다. 그러나 성공적인 투자를 위해서는 몇 가지 핵심 사항을 신중하게 고려해야 합니다.

- 대형 개발 사업의 장기화 및 불확실성

마곡 마이스(MICE) 복합단지, 김포공항 도시재생 혁신지구 등 대형 개발사업은 사업자의 변경이나 계획 변경에 따라 추진 사업이 지연될 가능성이 있습니다.

- 산업 트렌드 변화

마곡은 첨단 산업단지에 특화된 지역이므로, 해당 산업의 트렌드 변화나 경기 상황에 따라 업무시설의 공실률이나 임대수익에 영향을 받을 수 있습니다. 특히 김포공항 혁신지구의 도심항공교통(UAM) 등 미래 모빌리티 산업의 성패도 중요합니다.

2. 투자 전 알아두면 좋은 Q&A

Q. 김포공항의 '취항 거리 연장'은 무슨 뜻인가요?

A. 김포공항 국제선은 그동안 반경 2,000㎞ 이내의 도시로만 취항이 가능하도록 제한되어 있었습니다. 이는 인천국제공항을 동북아 허브 공항으로 육성하기 위한 정부의 '두 공항 이원화 방침'에 따른 것이었습니다.

서울시는 2024년 발표한 '서남권 대개조 구상'에서 이 제한을 3,000㎞ 이내로 확대하는 방안을 국토교통부에 건의했다고 밝혔습니다. 현재 김포공항에서는 일본(하네다, 간사이), 중국(베이징, 상하이), 대만(쑹산, 가오슝) 등 3개국 7개 노선만 운항이 가능하지만, 취항 거리가 3,000㎞로 확대되면 중국 광저우, 홍콩, 마카오 등 동아시아 주요 도시들로의 신규 취항이 가능해진다는 것이죠. 이는 비즈니스 교류를 확대하고 서울의 도시경쟁력을 높이는 데 큰 도움이 됩니다.

이를 위해 '김포국제공항' 명칭을 '서울김포국제공항'로 변경하는 것도 함께 추진하고 있습니다. 외국인들에게 김포공항이 서울과 멀리 떨어져 있다는 오해를 줄이고, '서울'이라는 글로벌 브랜드를 활용하여 공항의 인지도를 높이고 경쟁력을 강화하겠다는 의도입니다.

심층 투자 전략:
김포공항 일대는 투자 핫 플레이스

김포공항 일대가 미래의 일자리 중심지 '핫플레이스'로 떠오르고 있습니다. 김포공항 혁신지구, 김포공항 일대 남부순환로 지하화, 고도 제한 완화 등이 예정되어 있습니다.

1. 김포공항 혁신지구 조성

2024년 9월, 강서구 공항동 김포공항 일대(35.4만㎡)가 '김포공항 혁신지구'로 지정 고시(예정)됨에 따라 미래 교통 허브 및 모빌리티 첨단산업 중심의 경제활력 도시 개발이 본격화됩니다. 도시재생 혁신지구(국가시범지구)란 공공 주도로 산업·상업·주거 등 복합거점을 조성하는 지구단위 개발사업으로, 공공이 시행 주체가 되어 신속한 사업 추진이 가능합니다.

오는 2030년, 서울 김포공항 일대에 UAM(도심항공교통) 이착륙장과 복합환승시설이 준공돼 본격 'UAM 시대'가 열립니다. 그뿐만 아니라 김포공항은 여객, 물류 이동 등 공항 기능 강화와 함께 미래 첨단산업 클러스터가 확충돼 도쿄 하네다공항, 싱가포르 창이공항과 같은 공항 중심의 신(新)산업·경제 거점으로 거듭날 전망입니다.

지하 4층~지상 8층 규모의 복합시설로 조성되는 '김포공항 도시재생 혁신지구'는 전체 면적 35만㎡에 3개 블록이 조성됩니다. △1블록에는 UAM 등 이착륙장 및 복합환승시설 △2블록은 항공업무시설 △3블록은 첨단산업시설 중심으로 조성됩니다. 1블록은 2030년에, 2블록과 3블록은 2033년 준공 예정입니다. 혁신지구 개발이 마무리되는 2033년 이후, 김포공항은 UAM 이착륙장, S-BRT(간선급행버스) 등 신규 복합환승시설과 기존 도심공항 인프라가 연계된 혁신 신산업 허브로 변모하게 됩니다.

▲ 미래 교통수단인 UAM 이착륙장을 포함한 복합환승시설 조감도

여기에서 부동산 투자자가 관심을 가져야 할 것은 이 사업에 2조9,640억 원이 투입되고 3만여 개의 일자리와 약 4조 원에 이르는 경제적 파급 효과가 창출될 것이라는 점입니다.

2. 김포공항 일대 남부순환로 지하화 및 상부 친환경 공원 조성

김포공항 도시재생 혁신지구 지정에 발맞추어 서울시와 강서구는 김포공항 앞 남부순환로 지하화 및 상부 친환경 공원 조성에 나섭니다. 환경(교통소음 및 매연가스) 문제 개선, 친환경 녹지 등 여가 휴식 공간 및 지역활성화의 기반 마련, 교통량 분산에 따른 도로 기능 개선, 공원을 통한 사람 중심의 보행 동선 확보 등이 목적입니다.

지하차도는 폭 22m(4차로), 연장 2km 규모로, 상부 공원은 25,300㎡가 새로 생기게 됩니다. 이 사업은 현재 설계 공모 · 민자 유치 · 보상 협의 등이 차례대로 진행될 예정이어서 2026년에는 공사가 착공될 예정입니다.

3. 항공고도 제한 완화

현재 강서, 양천, 구로, 금천구 등 고도 제한 지역은 약 80㎢로, 서울시 면적의 13.2%에 이릅니다. 이 지역은 1958년 김포공항 개항 이후 공항 주변 고도 제한으로 건축물의 높이를 제한받아 주민들이 재산권 행사 등에

많은 제약을 받고 있습니다.

이에 서울시는 2023년 김포공항 일대 항공고도 제한으로 인한 지역 주민들의 오랜 불편 사항이 해결될 수 있도록 국제민간항공기구(ICAO)에 고도 제한 완화를 위한 국제 기준의 조속한 개정을 건의한 바 있습니다. 현재 ICAO는 1951년 제정된 이후 70여 년 동안 유지돼 온 항공고도 제한 기준을 전면 재검토 중인데, 2025년 개정안이 공식 의결될 경우, 2028년부터 전면 시행이 가능할 것으로 내다보고 있습니다.

이 같은 사업계획이 속속 현실화되면 이 일대 부동산 시장 전반에 미치는 영향이 적지 않을 전망입니다.

- 수요 증가: 기업, 근로자, 거주민 모두 유입 → 인구 증가 → 주택 수요 확대.
- 자산 가치 상승: 개발 가능성 증가로 토지 및 주거지의 자산 가치 상승.
- 상권 활성화: 유동인구 증가 + 공원화 + 교통 개선 → 신규 상권 창출.
- 장기 투자처로 부상: 혁신지구 지정 + 국제 기준 변경(장기 계획) → 중장기 부동산 투자처로 주목.

김포공항 일대는 '제한에서 기회로' 전환되는 지역입니다. 현재는 다소 낙후되거나 개발 정체 지역으로 인식되던 곳이 서울 서남권의 핵심 일자리·정주·상권 중심지로 재편될 수 있습니다. 이는 도시 구조의 변화이자, 부동산 가치의 체계적 상승 요인입니다. 향후 이곳은 마곡과 연계되면서 일자리 중심지로서 서울 도심과 강남, 여의도 등과 어깨를 나란히 견줄 것으로 기대됩니다.

가산·대림

: 디지털 산업 허브, 서남권 상업·문화의 중심

가산·대림의 가치:
미래형 첨단 디지털 융복합 산업 클러스터

과거 구로공단의 영광을 넘어서다

과거 대한민국 산업화의 상징이자 봉제 산업의 메카였던 구로공단 일대는 서울시의 'G밸리(서울디지털산업단지) 구조고도화 계획'이라는 대규모 프로젝트를 통해 대한민국의 미래를 이끌어 갈 첨단 지식산업단지이자 IT/디지털 융복합 산업의 중심지로 대대적인 변모를 이루었습니다.

이곳은 디지털 산업 육성, 고용 창출, 주거·상업·문화 기능을 강화하여 서남권의 핵심 거점으로 육성하는 것을 목표로 하고 있습니다. 현재 수많은 IT, 소프트웨어, 정보통신 기술 기업들이 입주하여 활발히 운영되고 있으며 마리오아울렛, 현대아울렛 등 대형 상업시설과 더불어 오피스텔, 소규모 주택이 밀집하여 직주근접성이 뛰어난 지역으로 각광받고 있습니다.

특히 지하철 1호선, 7호선 환승역인 가산디지털단지역을 중심으로 서울 전역 및 수도권 서남부와의 접근성이 뛰어나 최고의 비즈니스 및 생활 허브로 성장했습니다. 이처럼 가산·대림은 과거 굴뚝 산업의 이미지를 벗고 서울 서남부의 새로운 업무·연구·주거·문화의 중심지이자 미래 가치 핵심 투자처로 급부상하고 있습니다.

제2의 판교

가산·대림은 종종 '제2의 판교'라 불리며 판교 테크노밸리와 비교되곤 합니다. 두 지역 모두 최첨단 IT 및 R&D 산업을 중심으로 조성된 계획도시이자 자족형 도시라는 공통점을 가집니다.

주요 기업으로는 넷마블, 제이씨현시스템, 코웨이 등 IT/디지털 기업 및 다수 벤처 기업과 카카오, 엔씨소프트, 네이버(분당) 등 소프트웨어/게임 기업 등이 자리 잡고 있습니다. 상시 근로자 수는 약 15만 명(2023년 G밸리 기준)으로 서울에서도 일자리 측면에서 압도적인 비중을 차지하고 있습니다.

판교가 대한민국 IT 산업의 실리콘밸리로서 소프트웨어와 게임 산업을 중심으로 신도시 개발과 함께 성장했다면, 가산·대림은 기존 산업단지의 성공적인 재생을 통한 디지털 융복합 산업 및 서남권 상업·문화의 허브를 지향합니다. 가산·대림은 특히 IT, 소프트웨어, 게임, 핀테크, 빅데이터, AI 등 디지털 산업 분야에 강점을 갖고 있으며, 다수의 벤처기업과 스타트업이 밀집하여 혁신 생태계를 구축하고 있습니다.

서울 서남권의 지식산업 기반 복합도시

또한, 서부간선도로 지하화와 같은 대규모 도시 인프라 개선 사업은 가산·대림의 교통 환경을 획기적으로 개선하고, 상습 정체 해소를 통해 물류 및 인구 이동의 효율성을 높일 것입니다. 이는 단순한 산업단지를 넘어선 '스마트 물류 및 비스니스 특화 노시'로의 노약을 의미합니다. 더불어 마리오아울렛, 현대아울렛 등 대형 상업시설과 인접한 대림동 상권은 서남권의 주요 상업·문화 거점으로서 역할을 강화하며, 주변 주거지역의 편리한 생활을 지원할 것입니다. 현재 가산·대림은 판교와 더불어 대한민국 디지털 산업을 이끄는 양대 축이지만, 기존 산업단지의 재생을 통한 디지털 융복합 산업 및 서남권 상업·문화 중심지로서 '서울 서남권의 지식산업 기반 복합도시'라는 독자적인 위상을 구축해 나갈 것입니다.

핵심 개발 호재와 예상 변화

1. 가산·대림의 핵심 개발 호재

가산·대림은 지금도 서울 서남권의 중요한 기능을 담당하지만, 현재 진행 중이거나 예정된 개발 호재들은 그 기능적인 측면에서 더욱 고도화 단계를 밟고 있습니다.

- G밸리(서울디지털산업단지) 고도화 및 재정비: 미래형 디지털 융복합 산업의 엔진

서울 금천구 가산동, 구로구 구로동 일대 약 192만㎡ 부지에 조성된 G밸리는 기존 제조업 중심의 구로공단을 첨단 IT, 지식산업, 디지털 융복합 산업 클러스터로 전환하는 사업입니다. 노후화된 공장 부지에 최신 시설을 갖춘 지식산업센터를 지속적으로 건립하여 IT/디지털 기업들의 입주를 유도하고 있습니다. G밸리 고도화 사업은 수많은 고소득, 고부가가치 일자리를 창출하며 지역 경제를 활성화시키고 있습니다.

- **서부간선도로 지하화 및 지상 공원화: 교통 환경 개선과 녹지 공간 확충의 시너지**

  서울 금천구 독산동에서 영등포구 양평동까지 약 10.33km에 달하는 서부간선도로를 지하화하고, 지상부를 공원, 녹지, 친수공간으로 조성하는 대규모 도시인프라 개선 사업입니다. 서부간선도로 지하 구간은 이미 개통되어 상습 정체 구간의 교통 흐름을 획기적으로 개선했습니다. 지상 공원화는 쾌적한 도시환경을 제공하며 '숲세권' 프리미엄을 더해 주거 가치를 높이고, 인근 상업시설에도 새로운 활력을 불어넣을 것입니다.

- **대림동 상업·주거 기능 강화 및 신안산선 개통: 서남권 상업의 메카로 성장**

  대림역(2호선, 7호선)을 중심으로 형성된 대림동 상권은 풍부한 유동인구와 다양한 상업시설, 외국인 거리 등으로 독특한 문화를 형성하고 있으며, 인근 주거단지와 연계하여 서남권의 중요한 생활 중심지 역할을 하고 있습니다. 앞으로 개통될 신안산선 복선전철은 대림 지역의 교통 편의성을 획기적으로 개선할 것입니다. 신안산선 개통은 대림동의 광역교통 허브 기능을 강화하여 더 많은 유동인구를 유입시키고 상업시설의 가치를 더욱 높일 것으로 전망됩니다.

- **서남권 랜드마크 개발 가능성(가산/구로 복합개발): 도시재생의 새로운 모델**

  G밸리 내 일부 노후화된 공장 부지나 유휴 부지를 활용하여 지식산업센터, 업무시설, 상업시설, 문화시설 등을 복합 개발하여 서남권의 새로운

▲ **[신안산선 복선전철 노선도]** 신안산선 개통은 서울 내 신안산선이 지나는 영등포, 여의도 등 특히 역세권 주변의 주거 및 상업시설에 대한 수요가 증가할 것으로 예상된다.

랜드마크를 조성하는 사업이 논의될 수 있습니다. 아직 구체적인 계획이 확정된 것은 아니지만, G밸리 활성화 및 서남권 균형 발전을 위해 지속적으로 논의되고 있으며, 일부 민간 주도의 복합개발 프로젝트가 진행될 가능성이 있습니다. 대규모 복합개발은 G밸리의 전반적인 이미지와 환경을 업그레이드하고, 새로운 랜드마크 조성은 지역의 상징성을 높여 외부 인구 유입을 가속화할 것입니다.

2. 가산·대림의 미래 가치 예상 변화

이 같은 핵심 개발 호재들이 완성되는 2030년대 중반 이후, 가산·대림 일대는 서남권의 자족형 디지털 산업·상업 허브 도시로 탈바꿈될 것입니다.

• 대한민국 첨단 디지털 산업의 심장

G밸리의 지속적인 고도화와 디지털 융복합 기업 유치는 가산·대림을 IT, 소프트웨어, 게임, AI 등 미래 핵심 기술 산업의 메카이자 혁신 클러스터로서의 위상을 더욱 확고히 할 것입니다.

• 서남권의 핵심 상업·문화 허브

마리오아울렛, 현대아울렛 등 기존 대형 상업시설과 대림동 상권의 활성화는 물론, 서부간선도로 지상 공원화와 연계된 문화 공간 조성은 가산·대림을 쇼핑, 외식, 여가 활동이 활발히 이루어지는 서남권의 핵심 상업·문화 허브로 만들 것입니다.

• 교통의 요충지

1호선, 7호선 더블역세권에 더해 신안산선 개통 및 서부간선도로 지하화는 서울 도심, 강남권, 수도권 전역과의 연결성을 극대화하여 지역의 위상을 더욱 높일 것입니다.

- 쾌적하고 편리한 자족형 도시

　서부간선도로 지상 공원화로 인한 녹지 공간 확보와 풍부한 상업·문화 인프라는 가산·대림을 쾌적하고 살기 좋은 '그린 프리미엄'과 풍부한 생활 인프라를 갖춘 자족형 도시로 만들 것입니다.

가산·대림 일대의 핵심 투자처와 예상 가치

가산·대림 일대는 준공업지역의 주거지역 변경, 문화시설 확충 등의 명확한 개발 방향과 높은 성장 잠재력을 가지고 있습니다.

1. 아파트: 직주근접 및 재정비 사업 수혜

- **핵심 투자처**
  - 가산/구로디지털단지 인근 신축/준신축 아파트 단지.
  - 대림동과 구로동 일대 노후 아파트 단지.

- **투자 포인트**
  - G밸리의 풍부한 고소득 직장인 수요를 바탕으로 탄탄한 직주근접 프리미엄을 누릴 수 있습니다.
  - 서부간선도로 지상 공원화, 신안산선 개통 등 대형 호재가 완료되면 주거 가치 상승 여력이 충분합니다.

- 예상 수익률
  - 구로/가산디지털단지 인근 아파트 전용 84㎡의 경우는 현재 매매가 약 8~12억 원(2025년 5월 기준). 서부간선도로 공원화 완료 및 신안산선 개통, G밸리 고도화 연계 시 10~15억 원 이상 예상(5년 내 15~30% 이상 상승 기대).

2. 지식산업센터/오피스/상가: 첨단 산업단지의 업무 수요 및 유동인구 증가 수혜

- 핵심 투자처
  - G밸리 내 지식산업센터, 가산디지털단지역/대림역 인근 오피스 빌딩.
  - 가산동 아울렛 단지 및 대림동 상업시설.

- 투자 포인트
  - G밸리의 안정적인 고소득 업무 수요를 바탕으로 높은 임대수익과 자산 가치 상승을 기대할 수 있습니다.
  - 서부간선도로 지하화 및 지상 공원화, 신안산선 개통 등 교통 개선은 유동인구 증가를 유발하여 상업시설의 가치를 높일 것입니다.

- 예상 수익률
  - G밸리 내 지식산업센터 일부 호실의 경우, 연 임대수익률 5.0%~7.0% 이상 목표. 매매가 기준 5년 내 20~40% 이상 상승 기대.

- 가산디지털단지/대림역 상업시설 일부 호실의 경우도, 연 임대수익률 4.5%~6.0% 이상 목표. 매매가 기준 5년 내 25~50% 이상 상승 기대.

3. 오피스텔/소형 주택: 산업단지 직장인 및 1인 가구 주거 수요 흡수

- 핵심 투자처
  - 가산디지털단지역, 대림역 인근 오피스텔/도시형 생활주택.

- 투자 포인트
  - G밸리의 탄탄한 업무 수요와 편리한 교통망을 바탕으로 안정적인 임대수익을 기대할 수 있습니다.
  - 소액으로 핵심 지역에 진입할 수 있는 장점이 있으며, 역세권 입지는 꾸준한 임대 수요를 확보할 수 있습니다.
  - 서부간선도로 지상 공원화로 인한 주거환경 개선은 오피스텔의 가치를 더욱 높일 것입니다.

- 예상 수익률
  - 가산디지털단지역/대림역 주변 소형 오피스텔 전용 20㎡의 경우, 현재 매매가 2.5~4억 원 수준. 연 임대수익률 5.0~6.5% 이상, 매매가 기준 5년 내 15~30% 이상 상승 기대.

4. 투자 전 알아 두면 좋은 Q&A ①

Q. 서울 내 소형 아파트의 미래 가치는 어떻게 전망할 수 있을까요?

A. 서울 내 소형 아파트(전용 59㎡ 이하)는 급증하는 1~2인 가구 증가 추세와 높은 아파트 가격 부담이라는 두 가지 핵심 요인에 힘입어 앞으로도 꾸준히 높은 수요와 함께 안정적인 가치 상승을 이어 갈 것으로 전망됩니다. 다만, 건설사들의 수익성 추구로 인한 공급 부족 현상은 소형 평형의 희소성을 더욱 부각시킬 것입니다.

- 1~2인 가구 증가에 따른 견고한 수요

서울은 이미 전체 가구의 약 64.5%가 1~2인 가구(2023년 기준)에 달하며, 이는 10년 전보다 13%포인트 이상 증가한 수치입니다. 인구 고령화, 비혼 및 만혼 증가, 핵가족화 심화 등 사회적 변화는 이러한 추세를 더욱 가속화할 것입니다.

- 높은 서울 아파트 가격에 대한 현실적 대안

서울의 중대형 아파트 가격이 워낙 높아, 내 집 마련의 꿈을 가진 실수요자들에게 소형 아파트는 상대적으로 낮은 진입 장벽을 제공합니다.

- 뛰어난 환금성 및 입지의 강점

소형 아파트는 매매가 활발하고 수요층이 두터워 시장 상황 변화에 상대적으로 빠르게 대응할 수 있는 높은 환금성을 자랑합니다. 또한, 소형 아파트는 주로 역세권이나 상업시설이 밀집한 도심 지역에 공급되는 경우가 많아 입지적 강점을 지닙니다.

- 건설사의 수익성 추구로 인한 '만성적' 공급 부족

　소형 평형의 필요성은 커지고 있지만, 건설사들은 소형 평형 공급에 소극적인 경향이 있습니다. 이는 같은 면적에 소형 아파트를 여러 채 지을 경우, 총공사비가 증가하고, 개별 분양가가 낮아 분양 수익 측면에서 중대형 평형보다 불리하다고 판단하기 때문입니다.

　따라서 서울 내 소형 아파트는 가구 구조 변화와 가격 현실성, 그리고 공급 부족이라는 특수성이 맞물려 미래에도 견고한 수요를 유지하며 안정적인 가치를 지킬 것으로 예상됩니다. 특히 역세권이나 교통 요지에 위치한 신축 또는 준신축 소형 아파트는 실수요와 투자 수요 모두에게 매력적인 선택지가 될 것입니다.

5. 투자 전 알아 두면 좋은 Q&A ②

　Q. "아파트 살까? 말까?" 아파트 가격은 어떤 원리에 따라 움직이나요?
　A. 아파트는 남녀노소를 막론하고 늘 초미의 관심사입니다. 중산층 재산목록 1호인 까닭에 오를까, 내릴까 혹은 살까, 말까는 항상 고민이죠. 한순간의 결정이 인생에서 순탄한 고속도로가 될지, 아니면 울퉁불퉁한 길이 될지는 누구도 모릅니다. 그래서 '널뛰는 아파트 가격은 신(神)도 모른다.'는 우스갯소리도 있습니다.

　1970년대 도시화가 시작되면서 아파트는 일단 사 두면 결국엔 상승하는 확실한 투자처였습니다. 부동산이나 금융 지식이 없는 사람들도 할 수 있는 안전한 재테크이자 베이비붐 세대의 유일한 노후 대책이었죠. 국가나 친척, 자식보다 더 듬직한 비빌 언덕이 바로 '아파트'였습니다.

그렇다면 가격의 등락은 비이성적으로 움직이는 것일까요? 결론부터 말하자면 아파트 시장은 과학적 사고방식으로 접근하면 상당 부분 예측이 가능합니다. 그래서 '부동산 투자 = 과학'이라고 할 수 있습니다. 거의 전 재산이나 다름없는 큰돈을 막연한 감(感)으로 투자한다면 낭패를 당할 수 있습니다. 주관적 판단은 금물입니다.

국내 아파트 가격은 다양한 요인에 의해 오르고 내림을 반복합니다. 중요한 요인들을 순서대로 꼽자면 △화폐량 △거래량 △경상수지 △부동산 정책 등이 바로 그것입니다.

- 화폐량

2008년 글로벌 금융위기 이후 전 세계 주요국들은 경기 부양을 위해 막대한 규모의 돈을 풀기 시작했습니다. 2020년 코로나19 팬데믹이 전 세계를 강타하자, 각국은 다시 한번 역사상 유례없는 규모의 돈을 풀었습니다. 시중에 풀린 돈은 결국 부동산 시장을 비롯한 자산 시장으로 흘러 들어가 가격 상승을 부추기는 요인이 됩니다. 화폐량이 증가하면 돈의 가치가 하락하고, 이는 자산 디플레이션 방어 심리 확산으로 이어져 부동산 투자를 증가시키고 결국 아파트 가격 상승을 불러옵니다.

- 거래량

'아파트 거래량' 또한 중요한 지표입니다. 거래량은 아파트 가격의 선행지수이기 때문입니다. 즉, 아파트 가격이 오르내리기 전에 거래량의 많고 적음으로 미리 짐작할 수 있습니다.

• 경상수지

한국은 철저한 수출 주도형 국가입니다. 외국에서 벌어 온 돈이 쌓이면 국내 부동산 시장이 활성화되는 것은 당연한 이치입니다. 그래서 경상수지의 많고 적음은 몇 년의 시차를 두고 부동산 시장에 파고듭니다.

• 실질 경제성장률

아파트 시장과 경제성장률은 비례 관계에 있습니다. 경제성장률이 높으면 아파트 가격은 오르고, 낮으면 내립니다. 쉽게 요약하자면 경제성장률이 2%대 이상이면 아파트 가격은 상승 곡선을 긋게 되며, 3%대로 올라가면 활황세를 보입니다.

• 아파트 시장 정책

아파트 시장은 경제의 큰 축을 형성합니다. 따라서 정부는 아파트 정책을 통해 경제 상황을 조절할 수밖에 없습니다.

이외에도 주택 보급률, 분양 및 입주 물량, 인구 유입·출 등의 동향도 함께 살펴야 합니다. 이 모든 요인들이 복합적으로 작용하여 아파트 시장의 흐름을 만들어 냅니다. 거시적 관점에서 보면, 화폐량 증가 → 돈 가치 하락 → 자산 디플레이션 방어 심리 확산 → 부동산 투자 증가 → 아파트 가격 상승을 불러옵니다. 아파트 투자는 단순히 감에 의존하기보다는 다양한 지표와 거시 경제 흐름을 종합적으로 분석하여 과학적인 접근 방식을 취하는 것이 중요합니다.

심층 투자 전략: 준공업지역 투자, 서울 도시계획 변화의 '블루오션'

저평가된 '준공업지역'에 숨은 투자의 기회

준공업지역 투자는 언뜻 생각하면 '내가 공장을 지을 것도 아닌데, 굳이 준공업지역에 관심을 가질 필요가 있나?' 하는 의문이 들 수 있습니다. 하지만 최근 서울시의 개발 방향을 살펴보면, 이곳에 '기회'가 숨어 있습니다.

준공업지역의 공법적 정의는 '경공업 및 일부 공업 시설을 수용하면서 주거 기능도 허용하여, 공장과 주거·상업·업무시설이 공존할 수 있도록 지정된 지역'이라고 명시돼 있습니다. 즉, 단순한 '공장 전용지'가 아니라, 혼합형 개발을 유도하는 완충형 지역입니다. 따라서 주로 아파트를 짓는 3종일반주거지역보다 준공업지역의 땅값이 상대적으로 싼 경우가 많습니다. 실제로 서울 성수동2가, 문래동, 가산동 등의 준공업지역은 용적률(400~500%)이 높은데도 3종일반주거지역(250~300%) 땅값의 70~80%에 거래되는 경우가 있어 저평가된 것으로 볼 수 있습니다.

그러나 상황이 달라지면 '황금알'이 됩니다. 정비사업이 예상되거나, 지구단위계획이 추진되는 준공업지역은 향후 주거·상업·업무 복합 기능이 강화되어 3종, 준주거 또는 상업지역 수준까지 가치 상승이 가능합니다. 투자자라면 '현재는 저평가되어 있지만, 미래에 주거·상업·업무 복합개발을 통해 높은 가치를 갖게 될 준공업지역'을 선점하는 전략이 핵심입니다.

서울시가 준공업지역을 정비하는 이유

서울시가 준공업지역을 정비하려는 현실적인 이유는 다음과 같습니다.

- 도심 내 제조업 쇠퇴: 서울 내 공장 수와 고용 비중이 급감하고 있으며, 노동집약·저부가가치 제조업은 수도권 외곽으로 이전하고 있습니다.
- 토지 활용 비효율: 교통 좋고 입지 우수한 곳에 저층 공장이 밀집되어 있어 용도전환 시 부가가치 상승 여지가 큽니다. 주거·상업·업무 등으로 전환 시 토지 효율성을 극대화할 수 있습니다.
- 도시 기능 변화: 서울은 글로벌 금융·문화 중심도시로 전환 중이며, 창고·소규모 제조보다는 지식사업·오피스·주거 복합기능이 필요합니다.
- 정책적 유도: 서울시도 '준공업지역 단계적 정비' 계획을 수립하고 있으며, 지구단위계획을 통해 주거·상업 용도 전환을 적극 추진 중입니다(예: 성수·문래·염창 등).

성공적인 투자를 위해 관심을 가져야 할 사항들

앞으로 서울에서 준공업지역은 경제적·공간적으로 더 이상 효율적이지 않으며, 복합개발·주거공급 중심의 도시정비로 전환이 불가피한 지역입니다. 따라서 부동산 투자자 입장에서는 '준공업지역 → 주거지 또는 상업지역 전환 예정지 선점'이 핵심 전략입니다. 성공 투자를 위해서는 평소에 다음과 같은 사안에 관심을 가져야 합니다.

- 지구단위계획 수립 여부 확인: 서울 도시계획 포털, 구청 도시계획과 자료를 주기적으로 확인합니다.
- 고시/공고 내용 선제 파악: 서울시청/각 구청 고시자료를 주기적으로 확인합니다.
- 시범사업/공공개발 후보지 추적: SH, LH, 언론 기사 등을 통해 관련 동향을 추적합니다.
- 교통망 연계성 고려: 향후 역세권으로 변모할 가능성이 있는 경우 가치 상승 여지가 더욱 큽니다.
- 실거래가 추이 확인: 이미 개발 기대가 반영된 지역인지 확인하여 투자 시점을 판단합니다.

용도변경 가능성이 높은 준공업지역 Top 4

그렇다면 '용도변경 가능성이 높은 준공업지역 Top 4'를 추측해 보겠습니다.

- 성수동2가(성동구)
  - 서울시 최초 준공업 재정비 시범사업지구.
  - 성수전략정비구역, 지구단위계획 수립 완료.

- 공장 → 상업·주거 복합개발 가속(예: 갤러리아포레, 서울숲 트리마제 등).
- 이미 가격 상승이 반영되었지만, 소규모 노후 필지 여전히 투자 유망.

• 문래동3~6가 일대(영등포구)
- 문래창작촌 + 준공업지역 혼합지대 → 예술·문화 + 주거 유도.
- 서울시 '서울형 도시재생지구' 및 '준공업 재정비 우선관리구역' 지정.
- 지가 상승 초기 단계, 상업시설 유입 중.
- 2호선 문래역 인접 → 역세권 프리미엄.

• 가산디지털단지역 인근(금천구 가산동)
- 지식산업센터 밀집 → 업무·상업 중심지로 기능 변화 중.
- 노후 공장 부지에 복합단지 개발 활발.
- 일부 구역은 이미 복합용도지구로 변경 중.
- 1/7호선 환승 + 신안산선.

• 염창·등촌 일대(강서구)
- 한강변 접한 대규모 준공업지대.
- '준공업지역 단계적 정비계획(2021~2030)'에 포함.
- 아직 재개발 초기 → 진입 가격 부담 낮음.
- 9호선 염창역, 등촌역 접근성.

잠실

: 글로벌 MICE와 동남권 상업·업무 허브의 미래

잠실의 가치:
한강의 기적을 넘어선 국제 비즈니스·문화 중심지

대한민국 경제 발전의 상징에서 동남권의 핵심 거점으로

과거 한강변의 평범한 농경지였던 잠실동 일대는 1970년대 대규모 택지 개발을 시작으로, 86아시안게임과 88서울올림픽을 성공적으로 개최하며 대한민국 경제 발전의 상징이자 대표적인 주거·상업 지역으로 성장했습니다.

서울시의 '잠실 국제교류복합지구 조성 사업'이라는 대규모 프로젝트를 통해 대한민국의 미래를 이끌어 갈 글로벌 마이스(MICE) 산업의 거점이자 첨단업무 및 상업·문화 복합 단지로 대대적인 변모를 이루고 있습니다. 잠실은 국제 업무, 마이스(MICE) 산업 육성, 고용 창출, 주거·상업·문화 기능이 강화되면서 동남권의 핵심 거점으로 떠오르고 있습니다.

현재 잠실 롯데월드타워를 비롯한 대형 오피스와 롯데백화점, 롯데마트, 롯데월드 등 대규모 상업·문화시설이 밀집해 있으며, 송파구청, 아산병원 등 주요 인프라가 완벽하게 구축되어 있습니다. 특히 지하철 2호선, 8호선, 9호선 등 트리플 역세권에 올림픽대로, 강변북로 등 광역교통망까지 잘 갖춰져 서울 전역은 물론 수도권 동남부와의 접근성이 뛰어나 최고의 비즈니스 및 생활 허브로 각광받고 있습니다.

이처럼 잠실은 과거 주거·상업 중심의 이미지를 넘어 서울 동남부의 새로운 글로벌 업무·마이스(MICE)·주거·문화의 중심지이자 미래 가치 핵심 투자처로 급부상하고 있습니다.

강남 테헤란로와 함께 대한민국 글로벌 비즈니스를 이끄는 양대 축

잠실은 종종 '강남 테헤란로의 확장' 또는 '강남의 새로운 중심'이라 불리며 테헤란로와 비교되곤 합니다. 두 지역 모두 서울의 핵심 업무 및 상업 중심지라는 공통점을 가집니다. 그러나 각자의 지향점과 발전 과정에는 차이가 있으며, 이는 잠실의 독자적인 미래 비전을 더욱 돋보이게 합니다.

강남 테헤란로가 '대한민국 경제의 허리'로서 금융·IT·전문 서비스업을 중심으로 성장했다면, 잠실은 글로벌 마이스(MICE) 산업과 국제교류의 허브를 지향합니다. 잠실은 특히 서울 국제교류복합지구 조성 사업을 통해 코엑스~잠실운동장 일대를 연계하여 컨벤션, 전시, 스포츠, 문화, 업무, 상업시설이 융복합된 글로벌 비즈니스 거점을 구축하고 있습니다.

또한, 잠실 스포츠·마이스(MICE) 복합공간 조성 사업은 노후화된 잠실종합운동장 일대를 재개발하여 대규모 전시컨벤션, 호텔, 실내 스포츠 시설, 공연장 등을 건립하여 국제적인 행사 유치 역량을 극대화하고 있습니다. 이는 단순한 업무단지를 넘어선 국제 비즈니스·스포츠·문화가 어우러진 복합 스마트시티로의 도약을 의미합니다. 더불어, 한강과의 접근성과 풍부한 녹지 공간은 도시의 쾌적성을 더하며 주거 및 여가 기능을 강화합니다.

종합하자면, 잠실은 강남 테헤란로와 더불어 대한민국 글로벌 비즈니스를 이끄는 양대 축이지만, 국제교류와 마이스(MICE) 산업 역량 강화를 통해 글로벌 마이스(MICE) 및 문화·관광 특화 도시라는 잠실만의 독자적인 위상을 구축해 나갈 것입니다.

핵심 개발 호재와 예상 변화

1. 잠실의 핵심 개발 호재

잠실은 서울 동남권의 중요한 기능을 담당하지만, 앞으로 추진될 개발 호재들은 그 기능의 고도화에 초점을 맞추고 있습니다.

- **잠실 스포츠·MICE 복합단지 조성 : 국제적 규모의 문화·관광 허브 구축**
이 사업은 서울 국제교류복합지구 조성의 일환으로, 잠실종합운동장 일대(약 35만㎡)를 국제적인 수준의 스포츠, 컨벤션(MICE), 문화, 엔터테인먼트, 상업시설이 결합된 복합단지로 개발합니다. 돔구장, 전시장, 호텔, 쇼핑몰, 아레나 등이 들어서며, 한강과 탄천변을 활용한 수변 문화공간도 조성됩니다. 2026년 착공에 이어 2031년 부분 개장, 2035년 최종 완공이 목표입니다. 잠실 MICE 단지는 서울의 국제적인 경쟁력을 강화하는 핵심 프로젝트로, 연간 수천만 명의 국내외 방문객을 유치하여 강남 동부권의 상권과 관광 산업을 폭발적으로 성장시킬 것입니다.

▲ 국제적 규모의 문화·관광 허브로 구축되는 잠실 마이스 복합공간 조감도

- 잠실역 상업지구 고도화 및 롯데월드타워 시너지: 동남권 상업·관광의 랜드마크

잠실역을 중심으로 한 기존 상업지구는 롯데월드타워 및 에비뉴엘, 롯데월드몰, 롯데백화점, 롯데월드 어드벤처 등 국내 최대 규모의 복합 상업·문화·관광 시설과 연계되어 동남권의 대표적인 상업 허브로 기능하고 있습니다. 2017년 개장한 롯데월드타워는 서울의 랜드마크이자 관광 명소로 자리매김했습니다. 롯데월드타워는 잠실의 국제적 위상을 높이고, 대규모 상업·관광 시설은 고용 창출과 함께 막대한 유동인구를 유입하여 주변 상권에 지속적인 활력을 불어넣고 있습니다.

- 잠실 주거환경 개선 및 재건축: 동남권 최고급 주거지의 위상 강화

잠실동 일대는 대규모 아파트 단지가 밀집한 서울의 대표적인 주거지역으로, 노후화된 단지들을 중심으로 재건축 사업이 활발히 추진되고 있습니다. 특히 잠실 스포츠·MICE 복합단지 조성은 이 일대 재건축 사업의 '불쏘시개' 역할을 할 것으로 예상됩니다. 특히 잠실주공5단지는 서울시 신속통합기획 1호 단지로 선정되어 50층 이상 초고층 재건축이 추진되고 있습니다. 첨단 설비와 쾌적한 환경을 갖춘 주거 공간은 고소득 직장인 및 자산가들의 주거 수요를 유인하며, 잠실의 '강남 버금가는' 최고급 주거지로서의 위상을 굳힐 가능성이 높습니다.

- 한강 접근성 강화 및 수변 공간 활용: 쾌적한 도시환경과 여가 기능 향상

잠실은 한강변에 위치하여 우수한 한강 조망과 함께 다양한 수변 활동을 즐길 수 있는 지리적 이점을 가지고 있습니다. 서울시는 한강 수변 공간 활용을 위한 다양한 계획을 추진 중입니다. 한강과의 연계 강화는 잠실에 '수변 프리미엄'을 더하며 쾌적하고 건강한 주거환경을 제공합니다. 마이스(MICE) 복합지구와 연계된 관광·여가 기능도 함께 향상시켜 도시의 매력을 높일 것입니다.

2. 잠실의 미래 가치 예상 변화

오는 2030년대 중반쯤이면 잠실 일대는 동남권의 자족형 글로벌 마이스(MICE)·업무·관광 허브 도시로의 완벽한 변모를 기대할 수 있습니다.

• 글로벌 마이스(MICE) 산업의 메카

　서울 국제교류복합지구 조성 사업 완료는 잠실을 세계적인 컨벤션, 전시, 스포츠, 문화 행사가 열리는 글로벌 마이스(MICE) 허브로 만들 것입니다.

• 압도적인 교통의 요충지

　지하철 2호선, 8호선, 9호선 트리플 역세권에 영동대로 복합환승센터를 통한 GTX 등 광역철도 노선 연계는 서울 도심, 강남권, 수도권 전역과의 연결성을 극대화하여 지역의 위상을 더욱 높일 것입니다.

• 최고급 상업 · 업무 · 관광 중심지

　롯데월드타워를 중심으로 한 대규모 상업 · 관광 시설과 마이스(MICE) 복합지구의 시너지는 잠실을 동남권의 압도적인 상업 · 업무 · 관광 랜드마크로 만들 것입니다.

• 쾌적하고 편리한 최고급 주거 도시

　한강변의 쾌적한 환경과 재건축을 통한 신축 고급 아파트 공급은 잠실을 서울 동남권의 대표적인 최고급 주거지로 확고히 할 것입니다.

잠실 일대의 핵심 투자처와 예상 가치

글로벌 마이스(MICE) 산업과 동남권 대표 상업·업무의 허브로 발전하는 잠실의 투자 기회는 높은 성장 잠재력을 가지고 있습니다.

1. 아파트: 최상위 주거지 프리미엄 및 재건축 수혜

- 핵심 투자처
    - 잠실주공5단지 등 재건축 진행 단지.
    - 잠실엘스, 리센츠, 트리지움 등 기존 대단지 아파트.

- 투자 포인트
    - 글로벌 마이스(MICE) 허브로의 도약에 따른 고소득 직장인 수요 증가로 탄탄한 직주근접 프리미엄을 누릴 수 있습니다.
    - 대규모 재건축을 통한 신축 고급 아파트 공급은 서울 최고급 주거지

로서의 위상을 더욱 공고히 할 것입니다.

- 예상 수익률
    - 잠실주공5단지 전용 82㎡의 경우, 현재 매매가 24~28억 원 수준(2025년 5월 기준). 국제교류복합지구 조성 완료 및 재건축 사업 완료 시 35~45억 원 이상 예상되며, 5~10년 내 30~60% 이상 상승 기대.

2. 오피스/상가: 글로벌 마이스(MICE) 및 관광 유동인구 증가 수혜

- 핵심 투자처
    - 잠실 롯데월드타워 내 프라임 오피스/상업시설.
    - 잠실역/종합운동장역 인근 상업시설.
    - 향후 개발될 잠실 스포츠·MICE 복합공간 내 신규 상업/업무시설.

- 투자 포인트
    - 잠실 국제교류복합지구 조성으로 인한 대규모 국제 비즈니스 유동인구와 관광객 유입으로 상업시설의 가치가 크게 상승할 것입니다.
    - 롯데월드타워를 중심으로 한 압도적인 상업 인프라는 안정적인 소비 수요를 보장합니다.

- 예상 수익률
    - 잠실 롯데월드몰 상업시설 일부 호실의 경우, 연 임대수익률 4~5.5% 이상 목표. 매매가 기준 5년 내 20~40% 이상 상승 기대.
    - 잠실역 인근 오피스 빌딩 일부 호실은 연 임대수익률 4.5~6% 이상 목표. 매매가 기준 5년 내 25~50% 이상 상승 기대.

3. 오피스텔/소형 주택: 직주근접 및 국제교류 수요 흡수

- 핵심 투자처
    - 잠실역, 종합운동장역 인근 오피스텔/도시형 생활주택.

- 투자 포인트
    - 잠실 국제교류복합지구의 탄탄한 업무 수요와 편리한 교통망을 바탕으로 안정적인 임대수익을 기대할 수 있습니다.
    - 소액으로 핵심 지역에 진입할 수 있는 장점이 있으며, 국제 비즈니스 및 관광 수요 증가로 인한 단기/장기 임대 수요 확보에 유리합니다.

- 예상 수익률
    - 잠실역 주변 소형 오피스텔 전용 20㎡는 현재 매매가 약 3.5~5.5억 원. 연 임대수익률 4~5.5% 이상 목표. 매매가 기준 5년 내 15~30% 이상 상승 기대.

성공 투자를 위한 체크 포인트

1. 투자 시 고려해야 할 리스크 요인들

잠실 일대 투자는 높은 잠재력을 지니지만, 투자 전 충분히 고려해야 할 사항들은 다음과 같습니다.

• 대형 개발 사업의 불확실성
  서울 국제교류복합지구 조성 사업, 잠실 스포츠 · MICE 복합공간 조성 사업 등 대형 개발사업은 사업자 및 계획 변경 또는 지연될 가능성이 있습니다.

• 재건축 사업의 변수
  잠실주공5단지 등 재건축 단지는 최근 공사비 상승과 부동산 경기 침체 등의 영향으로 사업 기간, 추가 분담금 등 변수가 많으므로 전문가와 충분히 상담하고 신중하게 접근해야 합니다.

- 산업 및 시장 트렌드 변화

마이스(MICE) 산업과 관광시장의 글로벌 트렌드 변화에 따라 상업 및 숙박시설의 수요 변동 가능성을 예측해야 합니다.

- 신축 공급 물량

오피스, 오피스텔 등의 신축 공급 물량을 확인하여 공실률 및 임대료 변동 가능성을 예측해야 합니다.

2. 투자 전 알아 두면 좋은 Q&A ①

Q. 서울의 도시공간구조는 어떻게 이루어져 있습니까?

A. '2040 서울도시기본계획'은 3도심·7광역중심·12지역중심으로 구성된 서울의 중심지 체계를 유지하며, 미래 변화에 발맞춰 각 중심지의 기능과 경쟁력을 더욱 끌어올리는 데 주력합니다. 이는 단순히 현재의 체계를 유지하는 것을 넘어, 글로벌 도시경쟁력 강화와 시민 삶의 질 향상이라는 두 가지 큰 목표 아래 추진됩니다.

- 중심지 체계의 기본 방향: 기능 고도화와 24시간 활력

서울의 중심지 체계는 각 중심지의 장소성과 정체성을 강화하는 동시에, 일자리·주거·여가 기능이 복합적으로 어우러져 24시간 활력이 넘치는 지역을 조성하는 것을 목표로 합니다. 이를 위해 중심지 기능 고도화는 다음과 같은 주요 요소들과의 연계를 강화합니다.

- 광역교통망 및 대중교통체계 연계: 중심지와 광역교통망 간의 연계를 강화하고, 주요 교통 결절점에는 보행축과 연계한 통합 환승체계를 구축하여 대중교통 접근성을 높입니다. 이는 지리적으로 단절되거나 기능적으로 연관성이 낮은 중심지 간의 이동성을 향상시키고 기능 차별화를 통해 시너지를 창출합니다.
- 수변 공간과의 연계: 한강 및 주요 지천에 인접한 중심지는 여가·관광 기능을 증진할 수 있도록 수변 공간을 명소화하고 연결 보행로를 조성하여 접근성을 강화합니다. 또한, 한강 수변 양안에 인접한 중심지 간 도시 기능을 연계하여 수변 거점을 활성화하는 방안도 포함됩니다.
- 산업 거점과의 연계: 중심지와 인접한 산업 거점 및 배후 지역은 물리적·기능적으로 연계하여 지역 특성을 반영한 미래 신성장 산업 기반을 구축하고 도시경쟁력을 제고합니다.

• 다기능 복합용도 유도 및 유연한 도시계획체계

중심지 기능 고도화를 위해 도시계획체계의 유연화를 추진합니다. 이는 단순히 기존 용도지역제의 틀을 고수하는 것이 아니라, 용도 및 기능의 복합화를 적극적으로 유도하는 방향으로 나아갑니다.

- 용도지역제 유연 적용: 중심지 기능을 고도화할 수 있도록 용도지역제를 유연하게 적용하여 다양한 용도와 기능이 한 공간에 복합될 수 있도록 합니다.
- 장 잠재력 극대화: 지역 거점과 역세권 등 중심지 잠재력을 가진 지역의 성장 가능성을 높이고, 복합용도 확산을 도모합니다.

- 맞춤형 정비 및 육성 수단 활용: 기존 도시관리계획을 적극적으로 활용하며, 중심지별 특성에 따라 용도 및 밀도의 차등 적용 방안을 마련합니다.

• **중심지별 맞춤형 육성 및 관리 방안**

이 계획의 핵심은 각 중심지의 특성과 잠재력을 고려한 맞춤형 육성 및 관리 방안을 제시하는 것입니다.

- 글로벌 도시경쟁력 강화를 위한 집중 관리: 3도심·7광역중심·12지역중심은 글로벌 도시경쟁력 강화를 위한 집중 관리·육성 대상으로 지정되어, 해당 중심지들이 세계적인 수준의 기능을 수행할 수 있도록 지원합니다.
- 시민 삶의 질 향상을 위한 지원: 지구 중심과 역세권은 지역 특성을 고려하여 시민 삶의 질 향상을 위한 지원 방안을 마련하여, 일상생활에 필요한 편의와 서비스를 충분히 제공할 수 있도록 돕습니다.

이러한 중심지 체계는 서울 전역의 균형 발전을 도모하고, 시민들의 삶의 질을 향상시키며, 서울이 국제적인 위상을 강화할 수 있도록 지원하는 것을 목표로 합니다. 또한, 단순히 행정적인 구분이 아닌, 각 중심지가 유기적으로 연계되어 서울의 다양한 기능을 효율적으로 수행할 수 있도록 하는 데 중점을 두고 있습니다. 따라서 각 중심지는 더욱더 그 기능이 고도화되면서 발전합니다.

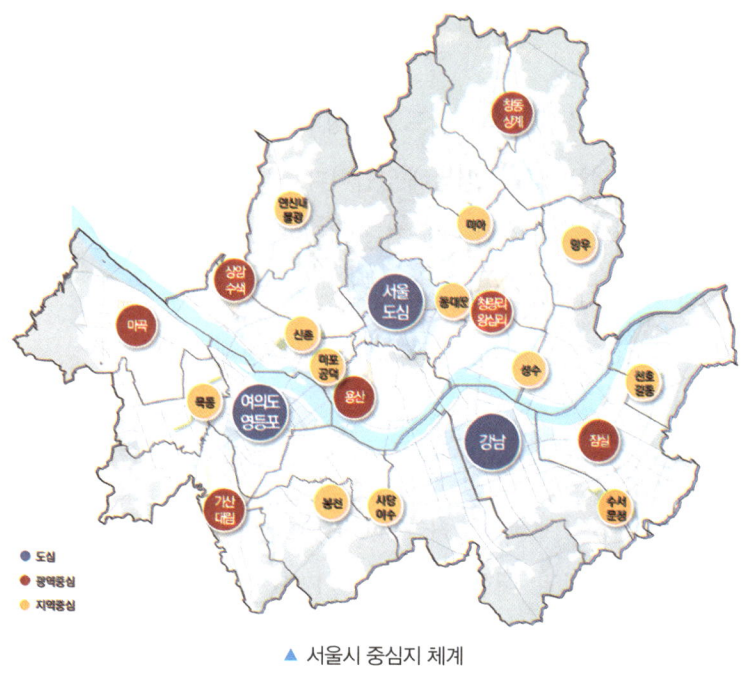

▲ 서울시 중심지 체계

3. 투자 전 알아 두면 좋은 Q&A ②

Q. 현재 서울 시내 상권별 특징과 앞으로 주목해야 하는 상권은 어딘가요?

A. 서울 시내 상권은 매우 다양하고 역동적이며, 끊임없이 변화하고 있습니다.

• 현재 서울 시내 주요 상권별 특징

서울의 주요 상권들은 각기 다른 정체성과 주력 업종, 유동인구 특성을 가지고 있습니다. 최근에는 팬데믹 이후 회복세와 함께 양극화 현상이 두드러지고 있습니다.

① 명동
- 특징: 한국을 대표하는 글로벌 쇼핑 및 관광 상권. K-뷰티, 패션 브랜드, 기념품 매장이 밀집해 있습니다. 외국인 관광객 유입이 공실률에 가장 큰 영향을 미치며, 최근 외국인 관광객 증가로 활기를 되찾아 서울 상권 중 가장 낮은 공실률을 보이고 있습니다.
- 강점: 압도적인 외국인 관광객 수요, 뛰어난 대중교통 접근성.

② 강남역/강남대로 일대
- 특징: 서울의 대표적인 젊은 유동인구 밀집 지역이자 업무, 상업, 학원가 복합 상권. 대형 프랜차이즈, F&B, 패션, 병원(특히 미용 의료) 업종이 강세입니다.
- 강점: 높은 유동인구, 직장인 및 젊은 세대 수요, 메디컬 상권의 강세.

③ 홍대/연남/합정(마포 상권)
- 특징: 젊음, 문화, 예술, 개성을 상징하는 상권. 인디문화, 클럽, 갤러리, 개성 있는 카페와 F&B 매장이 많습니다. 최근에는 연남동, 합정동, 망원동 등 이면 골목으로 상권이 확장되며 '젠트리피케이션(도심 특정 지역의 임대료가 상승하면서 기존에 있던 사람들이 내몰리는 현상)' 우려도 있습니다. 1인 가구 비율이 높은 마포구 특성과 맞물려 독특한 '동네' 상권이 발달했습니다.
- 강점: 젊은 세대와 외국인 관광객의 꾸준한 방문, 독특한 분위기와 문화 콘텐츠.

④ **성수동/서울숲**
- 특징: 과거 공장지대에서 힙한 카페, 편집숍, 팝업스토어, 복합문화공간의 성지로 변모한 서울의 대표적인 '힙' 상권. MZ세대가 열광하는 트렌디한 브랜드들의 집결지입니다. 내국인뿐 아니라 외국인 관광객 선호 상권 1위로도 꼽힐 만큼 인기가 높습니다.
- 강점: 압도적인 트렌디함, 팝업스토어의 성지, 브랜드의 플래그십 스토어 집중, 문화와 상업의 결합.

⑤ **한남동/이태원(이태원로 이면, 도산대로 등 포함)**
- 특징: 고급 주거지와 개성 있는 F&B, 패션 브랜드 쇼룸, 플래그십 스토어, 갤러리 등이 어우러진 프리미엄 라이프스타일 상권. 럭셔리 브랜드의 수요가 강하며, 새로운 문화공간도 꾸준히 늘고 있습니다. 이태원 경리단길은 침체되었으나, 한남동 쪽은 꾸준히 활기를 보입니다.
- 강점: 높은 구매력, 독특하고 고급스러운 분위기, 브랜드 매장 집중.

⑥ **가로수길(신사동)**
- 특징: 한때 트렌드의 선두주자였으나, 고가 임대료와 인근 도산공원, 성수 등 신흥 상권으로의 수요 분산으로 공실률이 높게 나타나며 침체기를 겪고 있습니다. 회복 노력이 지속되고 있습니다.
- 약점: 높은 임대료 부담, 트렌드 변화에 대한 적응 필요.

• **앞으로 떠오를 상권(잠재력 높은 상권)**
서울시의 도시계획 방향(강북권 대개조, 역세권 활성화, 다핵 분산형 도시)과

개발 호재들을 고려할 때, 다음과 같은 상권들이 미래에 더욱 주목받을 것으로 예상됩니다.

① 청량리역 일대(동대문구)

- 이유: 교통 허브 기능의 극대화(GTX-B/C, SRT 연장, 동북선/강북횡단선 등 다수의 철도 노선), 대규모 주상복합 개발, 그리고 '광역중심'으로서의 강남-북 균형 발전 핵심 거점이라는 서울시의 강력한 육성 의지가 있습니다. 주변 지역의 정비사업 완료 시 배후 수요도 크게 늘어날 것입니다.
- 주목 포인트: '강북권 대개조'의 최전선에서, 기존 상업 기능 고도화와 새로운 상업/업무 기능 확장이 동시에 이루어질 곳입니다.

② 창동·상계역 일대(도봉구/노원구)

- 이유: 서울 동북권 '광역중심'이자 신경제 중심지 조성이 추진 중입니다. 창동 차량기지 이전 부지 개발, 서울 아레나 조성 등 대규모 개발 사업이 예정되어 있어, 향후 문화·상업·업무 기능이 복합된 지역으로 크게 성장할 잠재력이 큽니다.
- 주목 포인트: 베드타운 이미지에서 벗어나 '자족 도시'로의 변화를 주도할 강북의 핵심 상권입니다.

③ 용산역 일대

- 이유: '국가중심공간'의 핵심축이자 용산 국제업무지구 개발이라는 초거대 개발 호재를 안고 있습니다. 국제적인 비즈니스 및 상업 중심

지로 육성될 예정이며, 용산공원 조성으로 쾌적성까지 갖춥니다.
- 주목 포인트: 서울을 대표하는 글로벌 복합 상권이자 업무지구로 탈바꿈할 것입니다.

④ 마곡지구(강서구)
- 이유: LG사이언스파크 등 대기업 연구단지 및 스타트업이 대거 입주한 서울 서부의 신흥 업무지구입니다. 대규모 오피스 수요와 배후 주거단지의 소비력으로 상업시설 활성화가 꾸준히 진행 중입니다.
- 주목 포인트: 직주근접을 기반으로 한 안정적인 오피스 상권이며, 가족 단위 고객과 직장인을 겨냥한 다양한 매장이 성장할 것입니다.

⑤ 영등포역 · 문래동 일대
- 이유: '3도심' 중 하나인 '여의도 · 영등포 도심'의 핵심으로, 여의도의 금융 기능과 영등포의 상업 기능을 잇는 허브입니다. 타임스퀘어 같은 대형 복합몰이 견고한 가운데, 문래동은 젊은 예술가와 창작자들을 중심으로 독특한 '골목 상권'이 형성되며 주목받고 있습니다.
- 주목 포인트: 기존의 대형 상권과 함께 개성 있는 '힙'한 골목 상권이 공존하며 시너지를 낼 수 있습니다.

서울의 상권은 단순히 소비 트렌드뿐 아니라 도시계획, 교통 인프라 변화, 그리고 주거환경 개선 등 복합적인 요인에 의해 끊임없이 재편되고 있습니다. 앞으로는 강북권의 대대적인 변화와 함께 교통망 확충에 따른 역세권 중심의 상권 성장이 더욱 가속화될 전망입니다.

심층 투자 전략:
서울 지하철 '대세 역'의 투자 시그널

요즘 가장 주목받는 '대세 지하철역'은? '잠실역·성수역'

'2024년 서울 지하철 1~8호선 수송 통계'에 따르면 2호선 '잠실역'이 강남역을 제치고 2년 연속 승하차 인원 1위 타이틀을 거머쥐며 서울의 '대세 지하철역'임을 확실히 보여 주었습니다. 특히, 불과 7년 전 40위권에 머물렀던 2호선 성수역이 13위까지 급격히 뛰어오르며 성수동의 뜨거운 인기를 입증했습니다.

서울 지하철 1~8호선 273개 역 중 가장 많은 승객의 발길이 오간 역은 '2호선 잠실역'으로, 하루 평균 156,177명이 승하차한 것으로 나타났습니다. 잠실역은 지하에 광역환승센터가 있어 평소에도 승객 통행이 활발한 데다 지난 2024년 8호선 별내선이 연장 개통하면서 구리·남양주 주민 유입이 늘어난 것으로 보입니다. 또 프로야구가 한 시즌 최다 관중 신기록을 세우며 역대급 흥행에 성공한 것도 승객 증가에 크게 기여했습니다. 강남역은 1997년부터 2022년까지 무려 26년간 부동의 1위를 지켜 왔지만, 2023년 처음으로 잠실역에 왕좌를 내주며 2위로 밀려났고, 지난해(2024

년)는 3위로 내려앉았습니다.

한편, 승하차 인원 상위 10개 역 중 1호선 서울역과 3호선 고속터미널역을 제외한 무려 8개 역이 모두 '2호선 역'으로 나타나, 2호선이 여전히 서울의 '황금 노선'임을 다시 한번 입증했습니다. 상위 10개 역은 1위 잠실역에 이어 홍대입구역, 강남역, 구로디지털단지역, 서울역, 신림역, 삼성역, 고속터미널역, 신도림역, 선릉역 순이었습니다.

지난해(2024년) 승객이 크게 늘어난 역 중에서는 4/7호선 환승역인 노원역이 승차 인원 증가율에서 가장 두드러진 변화를 보였고, 5호선 김포공항역 또한 승차 인원이 28% 늘었습니다.

특히 성수동이 젊은 세대와 외국인 관광객이 즐겨 찾는 '핫플레이스'로 자리 잡으면서 2호선 성수역의 약진이 눈부십니다. 성수역은 2018년만 해도 일 평균 승하차 인원이 56,000여 명으로 42위에 머물러 있었으나, 2021년 첫 20위권 진입 후 2022년 17위, 2023년 15위로 꾸준히 상승했습니다. 그리고 지난해(2024년)는 하루 평균 88,059명이 승하차하며 13위까지 껑충 뛰어올랐습니다. 불과 7년 새 승객이 무려 57%나 늘어난 것입니다.

왜 성수역이 뜨는가?

- 성수동 자체가 트렌디한 '핫플레이스'로 부상
- 젊은 층 + 외국인 관광객 유입 증가
- 서울숲, 한강 조망, 카페거리 등 문화·여가 인프라 확충
- 성수전략정비구역, 삼표레미콘 부지 개발 등 개발 호재

- 성수역 인근 아파트·오피스텔 시세 상승 견인

대세 역의 부동산 투자 포인트
부동산 투자 측면에서 잠실역과 성수역의 특징을 알아보겠습니다.

【 부동산 투자 측면에서 바라본 잠실역과 성수역 】

	잠실역	성수역
수요 증가 원인	환승센터 + GTX-B 예정 + 별내선 연장	젊은층 유입 + 고급 문화시설 + 개발 호재
상업적 가치	대형 유통·교통 중심	창조·문화 중심지
주거 가치	송파 대장주로 실거주 인기 ↑	한강 조망 신축, 고급 오피스텔 인기 ↑
투자 포인트	안정성 높은 고가 자산	개발 초기 투자 매력, 중기 시세 상승 여력 ↑

잠실역은 '검증된 메가허브'로서 안정성 중심의 투자처이고, 성수역은 '가파르게 뜨는 힙플레이스'로서 성장성 중심의 투자처로 볼 수 있습니다. 이들 역은 각각 다른 이유로 지속적인 수요 증가와 지역 부동산 가치 상승을 이끌고 있으며, 투자자와 실수요자 모두에게 중요한 시그널을 던져 주고 있습니다. 서울 지하철 이용률 변화는 단순 통계가 아닌, 미래 가치가 어디로 이동하고 있는지를 보여 주는 핵심 데이터입니다.

이용객 증가가 눈에 띄는 주요 역 TOP 4
- 노원역(4·7호선 환승역)
  - 승차 인원 증가율: 4호선 +37%, 7호선 +15% 증가(2023년 대비)
  - 이유: 환승 인프라 개선, 인근 학원가·상권 회복, 동북권 인구 재유입

- 부동산 측면: 광운대역 개발, 동북선 개통 예정으로 기대감 상승, 7호선 초역세권 구축 아파트 매수세 증가

- 김포공항역(5·9호선, 공항철도, 김포골드라인, 서해선)
  - 승차 인원 증가율: +28%
  - 이유: 2024년 관광객 폭증(전년 대비 50%↑), 인천공항 접근성 + 복합 쇼핑몰 유입
  - 부동산 측면: 강서구 마곡지구 연계 개발 탄력, 김포 한강신도시 출퇴근 거점 역할

- 고덕역·상일동역(5호선)
  - 이유: 고덕강일지구 입주 + 상업·업무지구 개발, 삼성물산 R&D센터 착공 예정
  - 부동산 측면: 새 아파트 공급과 수요 균형 잡힌 상태, 기업 유치 시 수익형 부동산 가치 급등 가능

- 서울역(1·4호선, 공항철도, 경의중앙선, GTX-A)
  - 이유: 교통 허브로서 이용객 꾸준히 증가, GTX-A 노선 개통
  - 부동산 측면: 용산 마스터플랜·서울역 일대 고도 개발에 따라 중장기 투자 관점에서 매우 유망

성수

: 수제화 거리에서 혁신 산업 성지로, 투자 가치 급부상

성수의 가치:
과거와 현재가 공존하는 힙플레이스

과거 섬유, 봉제, 수제화 등 제조업 중심의 공업 지역이었던 성수동 일대는 2000년대 후반부터 젊은 예술가와 디자이너들이 유입되며 낡은 공장과 창고가 독특한 카페, 갤러리, 편집샵으로 변모하기 시작했습니다. '레트로(복고)' 감성과 '힙'한 분위기가 결합된 성수동은 서울을 대표하는 문화 예술 공간이자 트렌드의 발신지로 떠올랐습니다.

서울시는 성수 일대를 혁신 산업(IT, 스타트업)과 문화 콘텐츠, 패션·디자인 산업을 육성하며 도시재생을 통한 주거환경 개선을 추진 중입니다. 이러한 서울시의 정책적 지원과 민간의 자발적인 변화는 성수동을 부동산 투자자들에게 가장 주목받는 지역 중 하나로 만들고 있습니다.

현재 성수동은 과거의 산업 유산과 최첨단 기술, 그리고 트렌디한 문화가 조화롭게 어우러진 독특한 지역입니다. 성수는 특히 IT 및 스타트업 산업에 강점을 보이며, 낡은 공장을 리모델링한 오피스 공간이나 지식산업센터에 수많은 혁신기업들이 입주하고 있습니다. 이는 업무용 부동산의 꾸준한 수요를 발생시키고, 젊고 고소득의 직장인 인구를 유입하여 주거용 부동산 및 상업시설의 활성화를 가져왔습니다.

이렇듯 성수에서는 IT 기업, 스타트업, 공유 오피스 등이 대거 입주하며 첨단 산업 업무지구로의 변모가 가속화되고 있으며, 동시에 수제화 거리, 카페거리, 문화 예술 공간들은 여전히 성수동의 정체성을 보여 주고 있습니다. 낡은 공장 건물을 활용한 '재생 건축'과 '도시재생'은 성수동의 도시경관을 형성하는 핵심 키워드입니다. 대림창고, 어니언 카페 등은 단순히 오래된 건물이 아닌, 새로운 문화 콘텐츠를 담아내는 공간으로 재탄생하며 지역의 문화적 가치를 높이고 관광객을 유치하는 역할을 합니다.

또한 아크로 서울포레스트, 갤러리아 포레, 트리마제 등 고급 주거단지 조성은 성수동의 주거 위상을 한 단계 높였습니다. 2호선 성수역, 뚝섬역, 건대입구역 트리플 역세권에 분당선 서울숲역까지 편리한 교통 환경은 서울 주요 업무지구(강남, 종로)와의 접근성을 극대화하며 직주근접 수요를 강화하고 있습니다.

한강과 서울숲이라는 쾌적한 자연환경은 성수동 부동산에 '숲세권', '강변 조망'이라는 프리미엄을 더하고 있습니다. 이처럼 성수는 과거의 산업 유산을 보존하면서도 미래 지향적인 혁신 산업과 트렌디한 문화를 접목한 도시재생 기반의 혁신 산업·문화 복합 도시라는 독자적인 위상을 구축해 나가며 서울 동북권의 새로운 혁신 산업·문화·주거 중심지이자 미래 가치 핵심 투자처로 급부상하고 있습니다.

성수동의 급부상 요인 분석

성수동이 수년 전부터 서울을 대표하는 핫플레이스로 급부상한 현상은 복합적인 요인들이 상호작용한 결과입니다. 이는 부동산 투자 관점에서 지역의 잠재력을 이해하는 데 중요한 통찰력을 제공합니다.

1. 도시재생과 '힙'한 문화공간의 발현(공간의 재해석)

성수동은 과거 제조업 공장들이 밀집했던 지역입니다. 이 낡은 공장 건물들이 철거되는 대신, 건축적 가치를 살려 독특한 감성의 카페, 레스토랑, 갤러리, 편집샵 등으로 리모델링되면서 새로운 매력을 발산하기 시작했습니다. 벽돌 건물, 높은 층고, 빈티지한 인테리어 등은 젊은 층이 열광하는 '힙'한 감성과 완벽하게 맞아떨어졌습니다. 저렴한 임대료를 찾아 젊은 예술가, 디자이너, 소규모 공방들이 성수동에 둥지를 틀기 시작했습니다.

이들이 만들어 내는 독창적인 문화 콘텐츠는 성수동의 '힙'한 이미지를 더욱 강화하고, 외부 유입 인구를 늘리는 선순환 구조를 만들었습니다. 특히 성수동의 독특하고 이색적인 공간들은 인스타그램 등 SNS를 통해 빠르게 확산되면서 젊은 세대의 '인증샷 성지'로 자리 잡았습니다.

2. 혁신 산업의 유입과 시너지 (일자리의 창출)

서울숲 인근에 대기업(SM엔터테인먼트, 쏘카, 무신사 등) 및 스타트업들이 입주하면서 성수동은 새로운 IT 밸리로 부상하기 시작했습니다. 낡은 공장 부지에 지식산업센터가 들어서고, 기존 건물들도 업무 공간으로 리모델링되면서 젊은 IT 인재들이 모여들고 있습니다.

젊고 고소득의 IT/스타트업 직장인들은 단순히 직장과의 거리가 가까운 것을 넘어, 퇴근 후에도 즐길 수 있는 문화·여가 공간이 풍부한 지역을 선호합니다. 성수동은 이러한 '워라밸(Work-Life Balance)'을 중시하는 라이프 스타일에 완벽하게 부합하며, 주거 및 상업 부동산의 잠재 수요를 크게 높였습니다.

3. 쾌적한 자연환경과 교통의 우수성 (입지적 강점)

서울숲이라는 대규모 녹지 공간과 한강이라는 천혜의 수변 공간을 동시에 누릴 수 있는 입지는 성수동의 주거 가치를 최상급으로 끌어올렸습니다. '숲세권'과 '강변 조망'은 고급 주거단지의 핵심 프리미엄으로 작용합니다.

또 성수동은 2호선(성수역, 뚝섬역, 건대입구역)과 수인분당선(서울숲역)을 통해 강남으로의 접근성이 매우 뛰어납니다. 이러한 복합적인 요인들이 결합되면서 성수동은 단순한 유행을 넘어, '독특한 문화적 매력 + 혁신 산업 기반의 일자리 + 우수한 자연환경 및 교통'이라는 강력한 성공 방정식을 갖추게 되었고, 이는 부동산 가치의 폭발적인 상승으로 이어지고 있습니다.

핵심 개발 호재와 예상 변화

1. 성수의 핵심 개발 호재

서울 동북권의 중요한 기능을 담당하는 성수는 부동산 투자자에게는 이미 '핫'한 지역이지만, 예정된 개발 호재가 많아 앞으로도 가치 상승이 지속될 것으로 예상됩니다.

• **성수전략정비구역 개발: 한강변 최고급 주거단지의 탄생과 파급 효과**
성수동 한강변에 위치한 성수전략정비구역은 최고 250m 높이의 초고층 주거시설(일부 지구는 70층 이상)로 탈바꿈할 예정입니다. 총 4개 지구(1/2/3/4지구)로 나뉘어 약 9,428세대(임대 포함)의 대규모 단지가 조성될 계획입니다. 이는 성수동의 주거 가치를 극대화하는 핵심 호재입니다.
이곳은 재개발사업 완료 시 대부분 가구가 남향으로 한강을 바라볼 수 있는 구조로 설계되며, 강변북로 상부의 대규모 덮개공원 조성, 광폭 선형 공원 및 공공보행통로 확보 등을 통해 한강과의 접근성을 강화하고 도시와 강이 연결되도록 계획되었습니다.

성수전략정비구역은 서울 내에서도 최고 수준의 주거용 부동산 투자처로 평가받습니다. 다만, 토지거래허가구역으로 묶여 실거주 의무가 있다는 점은 투자 전 고려해야 할 사항입니다.

- 혁신산업 클러스터 조성 및 지식산업센터 확충: 업무용 부동산의 성장 동력

서울시는 성수동을 '준공업지역 혁신 거점'으로 지정하고, 첨단산업 유치와 인프라 지원을 통해 IT, 스타트업 기업들의 성장을 지원하고 있습니다. 성수동의 혁신 산업 클러스터 조성은 지식산업센터, 업무용 및 공유 오피스 등 업무용 부동산의 가치 상승을 견인하는 가장 강력한 동력입니다.

- 문화 예술 및 상업시설 고도화: 상업용 부동산의 활성화

성수동은 낡은 공장을 리모델링한 독특한 카페, 갤러리, 편집샵 등이 즐비한 문화 예술 공간으로 자리매김했습니다. 이는 지역의 상업시설에 독특한 매력을 부여하고, 방문객 유입을 촉진합니다. 특히 성수동의 힙한 이미지 덕분에 국내외 유명 브랜드들이 플래그십 스토어(대표 매장)를 오픈하며 상권의 활력을 더하고 있습니다. 이는 상업용 부동산의 임대료 상승 압력으로 작용합니다.

- 편리한 교통망 확충: 모든 부동산 가치 상승의 기본 동력

2호선 성수역, 뚝섬역, 건대입구역 트리플 역세권에 분당선 서울숲역까지 편리한 교통 환경은 성수동의 핵심 강점 중 하나입니다. 강남, 종로 등 서울 주요 업무지구와의 접근성이 뛰어납니다. 뛰어난 교통망은 모든 종

류의 부동산 가치 상승에 가장 기본적인 동력입니다.

2. 성수의 미래 가치 예상 변화

이런 핵심 개발 호재들이 완성되는 2030년대 중반 이후, 성수 일대는 서울의 혁신 거점이자 고품격 라이프 스타일 도시로 변모하여 있을 것입니다.

• 대한민국 혁신 산업의 성지
IT와 스타트업, 디자인, 미디어 등 첨단 지식산업 클러스터로서의 위상이 더욱 공고해져, 국내외 혁신기업과 인재들이 모여드는 명실상부한 허브로 성장할 것입니다.

• 한강변 최고급 주거타운의 완성
성수전략정비구역의 초고층 개발이 완료되면, 한강 조망을 극대화한 최고급 주거단지가 형성되어 서울의 주거 지도를 바꿀 것입니다.

• 독보적인 문화 · 예술 · 라이프 스타일의 중심
과거 공장 건물을 활용한 독특한 문화 공간과 트렌디한 상업시설들이 더욱 발전하여, 서울을 넘어 전 세계적으로 주목받는 문화 · 예술 · 라이프 스타일의 아이콘으로 자리매김할 것입니다.

성수 일대의 핵심 투자처

서울에서 가장 '핫'한 지역으로 손꼽히는 성수 일대는 명확한 개발 방향과 높은 성장 잠재력을 가지고 있는 '투자 1순위' 지역입니다.

1. 성수전략정비구역 내 재개발 투자: 한강변 주거 프리미엄의 정점

- 핵심 투자처: 성수전략정비구역 1~4지구 내 단독주택, 다가구주택, 소규모 아파트(특히 재건축 연한을 채우지 못했더라도 전략정비구역에 포함되어 재개발이 가능한 노후 아파트).
- 투자 포인트: 압도적인 한강 조망과 서울숲 접근성을 갖춘 초고층 고급 주거단지 조성으로, 향후 입주 시 타의 추종을 불허하는 시세차익을 기대할 수 있습니다.
- 주의 사항: 토지거래허가구역으로 지정되어 있어 2년 실거주 의무가

있다는 점을 반드시 확인해야 합니다. 높은 초기 투자 비용이 필요하며, 재개발사업의 특성상 사업 기간 장기화 및 추가 분담금 발생 가능성 등 리스크를 충분히 인지해야 합니다.

2. 지식산업센터/업무용 오피스:
혁신 산업 성장의 직접적 수혜

- 핵심 투자처: 성수역, 뚝섬역 인근에 새롭게 조성되는 지식산업센터 또는 업무용 오피스 건물 내 호실. 낡은 공장을 리모델링한 소규모 사무실 공간.
- 투자 포인트: 성수동은 IT, 스타트업 등 혁신 산업 기업의 입주 수요가 매우 풍부합니다. 특히 젊은 기업들이 선호하는 독특한 공간 콘셉트의 지식산업센터나 리모델링 오피스는 높은 임대율과 안정적인 임대수익을 기대할 수 있습니다.
- 주의 사항: 신규 공급 물량과 임대료 추이를 꾸준히 확인해야 합니다. 입지별(역세권, 대로변 등) 편차를 고려하여 투자해야 합니다.

3. 상업용 부동산(상가, 근린생활시설):
문화·예술 및 유동인구 증가 수혜

- 핵심 투자처: 성수 카페거리, 수제화 거리 등 문화 예술 특화 거리 내

상가 건물(구옥 리모델링 가능성 포함), 역세권 대로변 상가, 신축 주상복합 내 상업시설.
- 투자 포인트: 성수동은 서울의 대표적인 핫플레이스로, 유동인구가 매우 풍부합니다. 특히 이색적인 콘셉트의 카페, 레스토랑, 편집샵 등이 인기를 끌면서 높은 매출과 임대료를 기대할 수 있습니다.
- 주의 사항: 상권 활성화 정도, 권리금 형성 여부, 주차 시설 등을 종합적으로 고려해야 합니다. 특정 트렌드에 너무 의존하는 상가보다는 안정적인 수요를 확보할 수 있는 업종이 유리할 수 있습니다.

4. 주거용 부동산(아파트, 오피스텔): 고급 주거지 위상 및 직주근접 수요

- 핵심 투자처: 서울숲 인근 고급 아파트(아크로 서울포레스트, 트리마제 등). 성수역, 뚝섬역, 서울숲역 인근 오피스텔/소형 아파트, 노후 주택가 내 소규모 빌라/단독주택(도시재생 및 리모델링 잠재력).
- 투자 포인트: 성수동은 서울숲, 한강이라는 자연환경과 IT, 문화 산업 클러스터가 결합된 독특한 주거 가치를 제공합니다. 특히 고급 주거단지는 희소성과 상징성으로 인해 꾸준한 수요와 높은 자산 가치를 유지할 것입니다.
- 주의 사항: 고급 아파트의 경우 높은 초기 투자 비용을 고려해야 하며, 소규모 주택은 개별 리모델링 또는 도시재생 사업의 진행 상황을 자세히 파악해야 합니다.

성공 투자를 위한 체크 포인트

1. 투자 시 고려해야 할 리스크 요인들

성수 일대 투자는 지금도 '황금알'을 낳을 수 있는 높은 잠재력을 지니고 있습니다. 하지만 그만큼 투자 전 충분히 고려해야 할 사항들이 있습니다.

• 도시재생 사업의 이해

성수동은 '도시재생'이라는 큰 틀에서 개발이 진행되고 있습니다. 단지 전체를 갈아엎는 재개발보다는 기존 건물을 활용하거나 소규모 단위의 정비가 이루어지는 경우가 많으므로, 투자하려는 건물이 속한 지역의 도시계획 및 지구단위계획을 꼼꼼히 확인해야 합니다.

• 상권 트렌드 민감도

성수동 상권은 트렌드에 민감하게 반응하는 특성이 있습니다. 유행이 빠르게 변하므로, 특정 유행에만 의존하는 상업시설보다는 안정적인 수요층을 확보할 수 있는 입지나 업종을 선택하는 것이 중요합니다.

2. 투자 전 알아 두면 좋은 Q&A

Q. 서울의 주택이 절대적으로 부족한 주된 이유는 무엇인가요?

A. 서울은 택지개발사업 축소, 1~2인 가구 증가, 주택 노후도 심각 등 다양한 요인에 의해 주택이 절대적으로 부족한 상황입니다.

- 택지개발사업 축소
    - 과거 신도시 개발 한계: 서울은 이미 도시화가 고도로 진행되어 신도시나 대규모 택지를 개발할 수 있는 여유 공간이 거의 없습니다. 서울 내에서는 물리적인 한계에 직면했습니다.
    - 재개발/재건축 의존도 심화: 서울의 주택 공급은 기존 시가지의 재개발/재건축 사업에 크게 의존하고 있습니다. 그러나 이러한 정비사업은 추진에 오랜 시간이 걸리고, 이해관계 조정이 복잡하며, 규제와 맞물려 공급 속도가 빠르지 않습니다. 재개발 시 주택 대형화로 인해 오히려 총 주택 수가 감소하는 경우도 발생합니다.

- 1~2인 가구 증가
    - 서울은 전국적으로 1인 가구 및 2인 가구의 비중이 매우 높은 도시입니다. 고령화, 비혼주의 확산, 청년층의 독립 증가, 소가족화 등이 복합적으로 작용합니다.
    - 주택 공급은 주로 아파트 위주로 중대형 평형이 많았는데, 이러한 소규모 가구의 주거 수요를 충족시킬 만한 소형 주택(원룸, 오피스텔 등)의 공급이 상대적으로 부족하거나, 있더라도 높은 임대료를 형성하

고 있습니다.
- 가구 수는 계속 늘어나는데 주택 공급이 이를 따라가지 못하는 불균형이 심화됩니다.

- 주택 노후도 심각
  - 서울은 과거에 지어진 노후 주택(특히 아파트, 빌라 등)이 많습니다. 이들 노후 주택은 주거환경이 열악하고 안전 문제가 발생할 수 있어 재정비 필요성이 높습니다.
  - 노후 주택을 재건축/재개발하는 과정에서 기존 주택이 철거되지만, 새로운 주택이 들어서기까지 시간이 오래 걸려 일시적인 공급 공백이 발생합니다.

- 적정 주택보급률 105~115% 기준 미달
  - 일반적으로 100%를 넘는 주택보급률은 '주택이 충분하다'고 생각하기 쉽지만, 주택의 물리적 노후도, 공가(빈집) 비율, 주택 형태 다양성 등을 고려할 때 105%에서 115% 정도가 주택시장이 안정적으로 돌아가는 적정 보급률로 평가됩니다.
  - 서울의 주택보급률은 2023년 말 기준으로 93.6%로 전국에서 가장 낮습니다. 이는 적정 보급률 기준에 한참 미달하는 수치이며, 가구 수 대비 주택 수가 물리적으로 부족함을 나타냅니다.

이외에도 투기 수요 및 유동성 증가, 규제 정책의 변화(공급 위축 초래), 높은 기대 수익률로 인한 개발 지연 등 다양한 요인들이 복합적으로 작용하여 서울의 주택 부족 문제를 심화시키고 있습니다.

심층 투자 전략 ①
제2의 성수동을 찾아라

성수동 성공의 핵심 키워드

성수동의 성공은 '낡은 산업 유산 + 문화/예술/디자인 + 혁신 산업 + 자연환경 + 교통'이라는 복합적인 요인이 시너지를 낸 결과입니다. 이러한 성공 공식을 바탕으로, 앞으로 뜰 지역을 예측하는 것은 흥미로운 일입니다. 핵심 키워드는 대략 5가지 정도로 요약할 수 있습니다.

- 준공업지역: 과거 산업 시설이 밀집했으나 현재는 노후화되어 도시재생의 잠재력을 가진 지역.
- 지리적 이점: 한강과 산 등 자연환경과의 접근성, 그리고 주요 업무지구와의 접근성.
- 문화·예술 인프라: 젊은 예술가나 디자이너들이 활동할 수 있는 공간, 혹은 문화시설이 조성될 수 있는 잠재력.
- 개발 계획 및 정책적 지원: 서울시 또는 지자체의 도시재생, 산업 육성 등 명확한 개발 계획이 수립된 지역.
- 유동인구 및 배후 수요: 젊은 층, 고소득 직장인 등 새로운 수요층이

유입될 수 있는 잠재력.

성수동의 뒤를 이을 핫플레이스 후보군

이와 같은 키워드를 바탕으로 서울 내에서 성수동의 뒤를 이을 잠재적 핫플레이스 후보군을 찾아보겠습니다. (※특정 지역의 부동산 투자는 반드시 전문가의 면밀한 분석과 현장 답사를 통해 이루어져야 합니다.)

- **영등포 문래동/양평동 일대**(서울 서남권의 잠재적 성수)
    - 성수동과의 유사점: 과거 철강 산업의 중심지였던 준공업지역으로, 낡은 공장과 창고가 많습니다. 최근 몇 년간 젊은 예술가, 소규모 공방, 이색적인 카페와 펍이 들어서며 '문래동 예술촌'이라는 독특한 문화공간을 형성했습니다.
    - 강점: △준공업지역의 도시재생 잠재력 △교통 여건(2호선 문래역, 5호선 양평역, 여의도 및 강남 접근성) △풍부한 배후 수요(여의도, 마곡, 가산/대림 등 주요 업무지구 인접) △향후 개발 계획(영등포 준공업지역 도시재생 및 첨단 산업 거점화).
    - 투자 관점: 현재는 성수동보다 투자 진입 장벽이 낮지만, 잠재적 가치 상승 여력이 큰 지역으로, 상업용 부동산(특히 구옥 리모델링), 소형 주택, 지식산업센터 투자를 적극적으로 고려해 볼 수 있습니다.

- **용산 국제업무지구 배후 지역**(용산 개발의 파급 효과)
    - 성수동과의 유사점: 용산 역시 미군기지 이전 부지 개발, 국제업무지구 조성 등 대규모 개발이 예정된 곳입니다. 과거 철도 차량기지 등 산업적 기반이 있었던 지역이기도 합니다.

- 강점: △초대형 개발 호재(용산 국제업무지구 개발) △탁월한 입지(서울의 중심부, 한강 접근성) △교통 허브(용산역 중심의 사통팔달 교통망).
- 투자 관점: 직접적인 국제업무지구 개발 지역은 이미 높은 가격대를 형성하고 있으므로, 그 배후 지역(예: 효창공원 인근, 삼각지역 인근)의 노후 주택이나 상업시설 중 재개발/리모델링 잠재력이 있는 곳은 주목할 만합니다.

• 구로동 일부 및 가산동 준공업지역(G밸리 고도화와 연계)
- 성수동과의 유사점: 과거 구로공단이라는 제조업 기반의 준공업지역이었고, 현재는 IT 산업 중심으로 변화하고 있습니다.
- 강점: △탄탄한 산업 기반(G밸리 중심 15만 명 이상 고용) △풍부한 직주근접 수요(IT 기업 종사자) △도시재생 및 환경 개선(서부간선도로 지하화, 준공업지역의 주거화).
- 투자 관점: 이미 지식산업센터 투자가 활발하지만, 노후 상업시설이나 소규모 주택 중 리모델링을 통해 새로운 가치를 창출할 수 있는 곳을 찾아볼 수 있습니다.

이외에도 서울 내부에 아직 개발 잠재력이 남아 있는 소규모 준공업지역이나 노후 주거지역 중 명확한 도시계획과 자발적인 문화적 움직임이 감지되는 곳을 지속적으로 탐색하는 것이 중요합니다. 성수동의 성공 사례를 통해 '물리적인 변화'뿐만 아니라 '문화적 변화'와 '산업적 변화'가 동반될 때 비로소 지역의 가치가 폭발적으로 상승할 수 있다는 점을 기억해야 합니다.

심층 투자 전략 ② 삼표레미콘 부지, 성수동 프리미엄에 날개 달다

성수동, 명실상부한 부촌으로 자리매김하다

'좋은 일 위에 또 좋은 일이 더해진다'는 뜻의 금상첨화(錦上添花)는 최근 서울 성수동에 가장 잘 어울리는 말입니다. 성수동은 이제 명실상부한 부촌으로 자리매김했습니다.

서울숲과 한강 조망이라는 압도적인 자연환경의 장점에 더해, 유명 연예인들을 비롯한 셀럽들의 입주가 이어지며 그 위상은 더욱 높아지고 있습니다. 여기에 성수전략정비구역 개발과 같은 다양한 대형 호재들이 연이어 발표되면서, 이 지역의 미래 가치는 한층 더 큰 기대를 모으고 있습니다.

특히 최근에는 오랜 기간 개발 논의가 이어졌던 삼표레미콘 부지의 개발사업이 확정되면서, 성수동의 프리미엄에 다시 한번 힘이 실렸습니다. 서울시는 지난 2월 서울숲과 한강에 둘러싸여 있는 성동구 성수동 '삼표레미콘 부지' 개발사업 관련 사전협상이 완료됐다고 발표했습니다.

삼표레미콘 부지는 연면적 447,913㎡ 규모의 업무시설, 숙박시설, 문화·집회시설, 판매시설 등을 포함한 지상 77층 규모의 복합시설이 조성돼 성수 일대와 연계한 글로벌 미래산업 거점으로 육성됩니다.

특히 '건축혁신형 사전협상' 최초 사례이자 서울숲 인근에 위치한 부지의 상징적 입지를 고려해 창의적이고 혁신적인 디자인을 반영한, 서울을 대표하는 또 하나의 랜드마크로 조성됩니다. 착공은 이르면 2026년을 목표로 하고 있습니다. 서울시는 2023년 국제현상설계공모를 진행해 부르즈 할리파(두바이)와 63빌딩 등 국내외 유명 건축물을 설계한 '스키드모어, 오잉스 앤드 메일(S.O.M)'사를 선정했습니다. S.O.M사는 독창적 건축디자인과 함께 인접한 서울숲과 유기적으로 연결하는 통합적인 구상안을 제안했습니다.

이번 삼표레미콘 부지 개발과 서울숲 일대 재정비를 통해 서울의 또 하나 새로운 명소 탄생과 함께 성수 지역이 글로벌 업무 중심지로 자리매김할 수 있는 촉매제가 될 것으로 기대됩니다.

'삼표레미콘 부지' 개발사업의 부동산 기대효과

여기에서 부동산 측면을 살펴보겠습니다.

삼표레미콘 부지(성동구 성수동1가 683 일대/28,100㎡)는 제1종일반주거지역에서 일반상업지역으로 용도지역이 상향됐습니다. 사전협상제도를 통해 용적률이 200%에서 923%로 껑충 뛰면서 77층 고층 건물이 탄생하는 것입니다. 서울숲과 한강 조망, 일자리 창출 등이 어울리면서 토지주는 황금알을 낳은 셈입니다.

용도지역은 더 이상 고정불변이 아닙니다. 이 사례는 입지(위치)만 좋으면 언제든지 용도가 상향될 수 있음을 보여 줍니다. 토지주는 용적률 상향의 대가로 서울시에 6,054억 원의 공공 기여금을 냅니다. 이 기여금은 서울숲 일대 상습 교통 정체 완화를 위한 동부간선도로~강변북로, 성수대교 북단램프 신설 등 기반시설 확충과 서울숲 일대를 서울 대표 수변·녹지공간으로 탈바꿈시키도록 서울숲 일대 종합적 재정비 등에 우선 투입됩니다.

▲ 지역 랜드마크로 개발될 성동구 성수동1가 삼표레미콘 부지 개발 위치

▲ 지역 랜드마크로 개발될 성동구 성수동1가 삼표레미콘 부지 조감도

또 '유니콘 창업허브'(연면적 53,000㎡ 규모) 등의 시설 조성에도 투입됩니다. 유니콘 창업허브는 유망 스타트업의 고속성장(스케일업)을 지원하는 전문 창업 시설입니다. 사전협상제는 토지주와 서울시, 시민들이 함께 윈-윈하는 제도입니다.

그렇다면 일반 투자자는 사전협상제를 어떤 시각에서 바라봐야 할까요? 서울의 경우, 사전협상제 대상이 되는 토지 크기는 5,000㎡ 이상입니다.

- 대규모 유휴 부지
  - 이전한 군부대 부지, 공공기관 이전 부지, 공장 이전 부지 등(예: 용산 미군기지 이전 부지, 성남 옛 국군수도병원 부지 등).
  - 사용하지 않는 철도 차량기지, 폐선 부지 등.
  - 오랫동안 사용되지 않거나 효율이 떨어진 국공유지.

- 복합개발이 필요한 대형시설 부지
  - 노후화되거나 기능이 이전되어 새로운 용도로 개발할 필요가 있는 버스터미널, 운전면허시험장 등.
  - 도시 외곽으로 이전 후 도심 내 유휴 부지가 된 대형 물류센터 부지.
  - 재개발 또는 재배치가 필요한 종합운동장, 공공시설 부지.

- 도시 내 노후·쇠퇴지역의 대규모 부지
  - 용도 변경 및 복합개발을 통해 도시 활성화를 꾀할 수 있는 구도심 내 대형 상업/업무시설 부지.
  - 특정 개발사업이 좌초되어 장기간 방치된 대규모 부지.

'큰 손'들을 위한 조언

버스터미널, 운전면허시험장처럼 기능이 노후화되거나 이전 예정인 대규모 부지들은 새로운 개발 잠재력을 가진 사전협상제의 훌륭한 대상이 될 수 있음을 인지해야 합니다. 이러한 부지들은 용도지역 변경이나 용적률 완화 등 도시계획적 인센티브를 통해 막대한 개발 이익을 창출할 기회를 제공합니다.

'일반 투자자'를 위한 조언

대규모 개발 사업에 직접 참여하기 어려운 일반 투자자라면, 사전협상제 대상 토지 인근을 재빨리 선점하는 전략이 유효합니다. 부동산 시장에서는 이른바 '부자 동네에 숟가락 얹기'처럼, 큰 개발 호재가 있는 지역 주변에 투자함으로써 동반 상승효과를 기대할 수 있습니다.

망우

: 동북권 교통·상업 요충지, 미래 가치 주목

망우의 가치:
중랑구 핵심 상권, 서울 동북권 성장의 거점으로

과거 경춘선과 중앙선이 지나던 철도 교통의 요충지이자, 중랑구의 대표적인 상업 및 주거 중심지였던 망우동 일대는 2010년 중앙선 복선전철화와 함께 망우역이 복합환승센터 기능을 수행하며 서울 동북권의 중요한 교통 허브로 부상했습니다.

서울시는 도시기본계획에서 망우 일대를 교통 결절점 기능 강화와 대규모 상업·업무 복합단지 조성, 주변 주거환경 개선을 통하여 서울 동북권의 성장을 견인하는 핵심 거점으로 육성하는 것을 목표로 삼고 있습니다. 이러한 도시계획은 망우 지역의 부동산 가치를 재평가하고 새로운 기회를 부동산 투자자들에게 던져 주고 있습니다.

현재 망우동은 단순한 교통 중심지를 넘어 경의중앙선, 경춘선, 7호선(상봉역과 연계)이 지나는 트리플 역세권이자 동부간선도로, 북부간선도로 등 주요 간선도로 접근성이 뛰어난 사통팔달의 교통 인프라를 기반으로 한 광역 상업·업무 허브이자 동북권의 자족 기능을 강화하는 거점을 지향합니다.

망우는 코스트코, 이마트, 홈플러스 등 대형 상업시설과 망우역 복합쇼핑몰(엔터식스)이 시너지를 내면서 대규모 유동인구를 창출하고 있습니다. 이는 상가 및 업무용 부동산의 안정적인 수요로 이어집니다. 특히 철도와 도로 교통의 결절점이라는 지리적 이점을 극대화하여 인근 남양주, 구리 등 수도권 동부 지역의 유동인구를 흡수하는 광역 상업 중심지로서의 역할을 강화할 것입니다. 이는 대형 백화점, 아울렛 등 대규모 상업시설의 추가 유치 가능성을 높이며, 상업용 부동산의 성장 잠재력을 키웁니다.

또한 중랑구청, 중랑세무서 등 행정기관이 밀집해 있는 중랑구의 행정 중심지로서 배후 업무 수요도 탄탄합니다. 여기에 편리한 교통망을 바탕으로 업무 기능이 점차 확대될 것입니다. 기존의 중소 규모 오피스 외에 역세권 복합개발을 통해 프라임급 오피스 공간이 공급될 가능성도 큽니다.

주변의 노후화된 주거지역은 역세권 개발 및 도시재생 사업과 연계하여 주거환경이 점진적으로 개선될 것입니다. 이는 직주근접성이 뛰어난 주거지로서의 가치를 상승시키고, 젊은 층의 유입을 촉진할 것입니다.

앞으로 망우는 서울 동북권의 핵심 교통 인프라를 기반으로 광역 상업·업무 기능과 주거 편의성이 결합된 자족형 복합도시라는 독자적인 위상을 구축해 나갈 것이며, 이는 지역 부동산의 장기적인 가치 상승을 견인하는 핵심 요인이 됩니다. 투자자들은 이러한 망우의 변화와 성장 잠재력에 관심을 가져야 합니다.

망우의 급부상 요인 분석

망우가 최근 수년간 서울 동북권에서 주목받는 현상은 '교통'과 '상업'의 시너지, 그리고 성장 잠재력이 복합적으로 작용한 결과입니다.

1. 압도적인 교통 허브 기능(접근성 프리미엄)

경의중앙선, 경춘선, 그리고 7호선(상봉역 연계)이 지나는 망우역은 서울 동북권의 핵심적인 교통 결절점입니다. 특히 수도권 동부(남양주, 구리)와 서울 도심 및 강남을 잇는 중요한 환승역으로서의 기능이 강화되었습니다.

또 동부간선도로, 북부간선도로, 그리고 구리·포천고속도로 등 주요 간선도로가 인접해 있어 차량을 통한 서울 및 수도권 접근성이 매우 뛰어납니다. 향후 GTX-B 노선(송도~마석) 등 광역 철도망 계획에 따라 상봉역이 환승역으로 기능하면서 장기적인 교통 허브 기능 강화에 대한 기대감이 높습니다.

이뿐만 아니라 면목선 경전철 사업도 2024년 정부의 예비타당성조사 심의를 통과했습니다. 이 사업은 청량리역(1호선)~신내역(6호선)을 연결하는 총연장 9.147㎞에 12개 역사가 건설되는데, 망우역 인근 우측에 신설 역사가 계획되어 있습니다.

▲ 동대문구 청량리역(1호선)에서 중랑구 신내역(6호선)을 잇는 면목선 경전철 위치도

2. 대형 상업 및 문화시설의 집적(소비 수요 흡수)

망우역 복합쇼핑몰(엔터식스), 코스트코, 이마트, 홈플러스 등 대형 상업시설이 밀집해 있어 중랑구 및 인근 지역 주민들의 소비 수요를 대규모로 흡수하고 있습니다. 대형 쇼핑시설과 영화관, 식당가 등이 한데 모여 있어 원스톱 라이프를 가능하게 하고, 이는 추가적인 유동인구를 창출할 것으

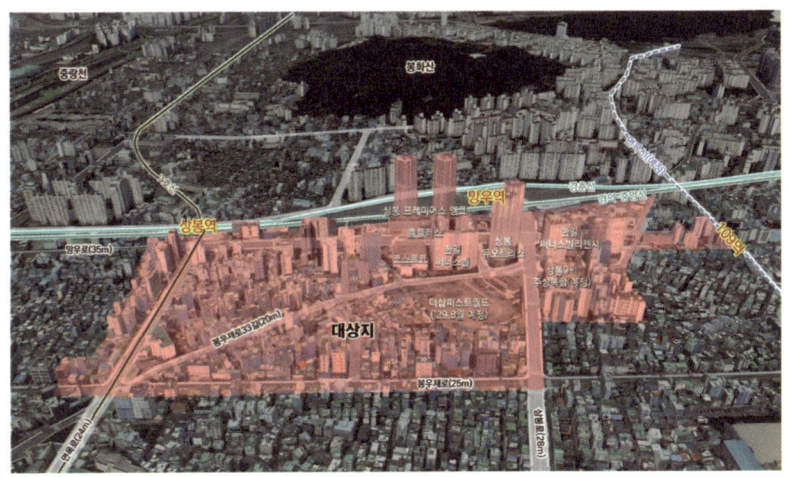
▲ 상봉9구역에 조성될 상봉재정비촉진지구 대상지

로 예상됩니다. 무엇보다 현재 진행 중인 상봉터미널 개발에 따른 새로운 랜드마크 상업시설의 탄생을 기대하게 합니다.

최근에는 지하 3층~지상 4층, 연면적 약 5,560㎡ 규모의 전시공간 및 컨벤션홀(예식장)을 갖춘 복합 문화시설이 확정됨에 따라 상봉터미널 부지는 서울 동북권을 대표하는 생활문화 중심지로 재탄생하게 됩니다. 이는 망우 상권의 확장성을 높이는 요인입니다.

3. 풍부한 배후 주거 및 행정 수요(기본적인 수요 기반)

망우동은 중랑구 내에서도 주거 인구가 많고, 주변에 다수의 아파트 단지 및 주택가가 형성되어 있어 상업시설 이용의 기본적인 배후 수요가 탄탄합니다. 또 중랑구청, 중랑경찰서, 중랑세무서 등 주요 행정기관이 밀집해 있어 관련 업무를 위한 유동인구 및 상주인구가 꾸준히 발생합니다.

　이러한 요인들이 맞물리면서 망우는 서울 동북권의 '편리한 교통 + 강력한 상업 기능 + 안정적인 배후 수요'라는 성공 공식을 갖추게 되었고, 이는 부동산 가치의 상승과 잠재력 확대로 이어지고 있습니다. 특히, 광역적인 교통망의 중요성이 커지면서 망우의 입지적 가치는 더욱 커지고 있습니다.

핵심 개발 호재와 예상 변화

1. 망우의 핵심 개발 호재

망우는 현재도 중요한 지역이지만, 앞으로는 '교통 결절점'으로서의 위상을 더욱 공고히 하고 이를 기반으로 '업무·상업 복합 거점'으로 질적 고도화를 이룰 것입니다.

- 교통 허브 기능의 고도화: 부동산 접근성 극대화

현재 논의 중인 GTX-B 노선이 상봉역을 경유하면서 수도권 서부(송도, 인천)와의 접근성이 획기적으로 개선되어 명실상부한 광역교통 허브로 자리매김할 것입니다. 광역 접근성 개선은 업무용 부동산의 직주근접 수요를 폭발적으로 늘리고, 상업용 부동산의 유동인구를 더욱 증가시킬 전망입니다. 또 망우역/상봉역을 중심으로 철도, 버스 등 대중교통 간의 환승 연계를 더욱 편리하게 만들고, 환승 거점으로서의 역할이 강화될 것입니다.

- **상업·업무 복합 거점 조성: 상업 및 업무용 부동산의 성장**

현재 추진 중인 상봉터미널 부지 개발이 완료될 경우, 새로운 랜드마크 상업·업무·주거 복합시설이 들어서고, 광역 유동인구 흡수 능력을 바탕으로 백화점, 프리미엄 아울렛 등 추가적인 대형 상업시설 유치도 현실화될 것으로 전망됩니다. 이는 프라임급 업무 공간 공급과 자족 기능 강화를 통해 망우 상권의 위상을 격상시킬 것입니다.

- **주거환경의 질적 개선: 주거용 부동산 가치 상승**

역세권 주변의 노후 주택가 및 저밀도 상업지역을 중심으로 고밀 복합 개발이 추진될 가능성이 높습니다. 그동안 상대적으로 빈약하였던 주민들의 삶의 질 향상을 위한 공원, 문화시설, 보육시설 등 생활 사회간접자본(SOC) 확충이 지속될 것입니다. 또 망우역 서쪽 방면에서 진행되는 동부간선도로 지하화 및 공원화는 중랑천변 주거단지의 쾌적성을 획기적으로 높이는 중요한 요인이 되고 있습니다.

2. 망우의 미래 가치 예상 변화

이런 핵심 개발 호재들이 완성되는 2030년대 중반 이후, 망우 일대는 서울 동북권의 광역교통 허브이자 자족 기능을 갖춘 상업·업무 복합도시로 변모하여 있을 것입니다.

- **동북권 교통 허브로 도약**

　GTX-B 노선, 면목선 등 광역 철도망 확충과 상봉터미널 현대화 사업이 완료되면, 서울 동북권과 수도권 동부를 잇는 핵심 교통 요지로 자리매김할 것입니다.

- **복합상업 및 업무 지구로 성장**

　상봉터미널 부지를 활용한 복합 개발을 통해 업무, 쇼핑, 문화시설이 어우러진 대규모 복합단지가 조성되어 이 지역의 상권을 활성화하고 업무 기능을 강화할 것입니다.

- **배후 주거 및 생활 인프라 개선**

　역세권 개발과 노후 주택 재개발이 진행되면서 주거환경이 개선되고, 상업 시설 확충과 함께 생활 편의성이 높아져 주거 만족도가 향상될 것입니다.

망우 일대의 핵심 투자처

망우 일대의 투자는 망우역 복합환승센터, 상봉터미널 부지 개발, GTX-B가 핵심입니다.

1. 상봉터미널 부지 개발 주변 상업용 부동산: 핵심 상권의 성장 수혜

- 핵심 투자처: 상봉터미널 부지 개발 구역 인근의 기존 상가 건물. 개발 완료 후 신규 상업시설 분양 물건.
- 투자 포인트: 상봉터미널 부지가 복합 개발되면 대규모 유동인구와 새로운 소비 수요가 창출되어 주변 상권 전체가 활성화될 것입니다. 동북권의 새로운 랜드마크 상권으로 성장할 잠재력이 큽니다.

2. 망우역/상봉역 역세권 주거용 부동산
(오피스텔, 아파트): 교통 프리미엄 및 직주근접 수요

- 핵심 투자처: 망우역과 상봉역 도보권 내의 오피스텔, 소형 아파트, 그리고 재건축/재개발 추진 가능성이 있는 노후 아파트 단지.
- 투자 포인트: 망우역/상봉역의 뛰어난 교통 환경은 안정적인 임대수익을 위한 가장 큰 강점입니다. 주변 업무 및 상업시설 종사자, 그리고 서울 주요 업무지구로 출퇴근하는 직장인들의 직주근접 수요가 매우 풍부합니다. GTX-B 노선 확정 시 추가적인 가치 상승이 예상됩니다.

3. 중랑천변 주택가(동부간선도로 지하화 수혜):
쾌적성 개선을 통한 가치 상승

- 핵심 투자처: 중랑천변에 인접한 다세대주택, 빌라, 단독주택 등.
- 투자 포인트: 동부간선도로 지하화 및 지상부 공원화가 완료되면 중랑천변의 주거환경이 획기적으로 개선되어 '공세권' 프리미엄을 누릴 수 있습니다. 쾌적성이 높아지면서 주거 가치가 상승하고, 일부 노후 주택은 리모델링이나 소규모 재개발을 통해 새로운 가치를 창출할 수 있습니다.

4. 투자 전 알아두면 좋은 Q&A

Q. 서울시가 추진하고 있는 '신규 상업지 지정'의 목적과 대상지, 효과는 무엇인가요?

A. 서울시가 '2040 서울도시기본계획'을 통해 추진하는 신규 상업지 지정은 단순히 공간 활용의 효율성을 높이는 것을 넘어, 서울 전역에 걸쳐 양질의 일자리를 창출하고 강남-북 균형 발전을 이루는 것을 핵심 목표로 삼고 있습니다. 이는 기존의 경직된 도시계획 틀을 깨고 유연하고 복합적인 도시 공간을 만들려는 서울시의 강력한 의지가 담겨 있습니다.

• 신규 상업지 지정의 핵심 목표: '일자리 창출'

서울시의 신규 상업지 지정은 '직주근접'이 가능한 복합 생활권을 구현하고, 지역 경제 활성화를 통해 새로운 일자리를 대거 창출하는 데 주안점을 둡니다. 상업지역은 단순히 물건을 사고파는 공간을 넘어, 오피스, 연구개발(R&D), 문화 콘텐츠 등 다양한 산업과 기업이 입주하여 고부가가치 일자리를 만드는 핵심 거점이기 때문입니다.

• 지정 대상지 및 방식: '역세권' 중심의 고밀 복합개발

신규 상업지 지정은 주로 '대중교통 중심'에 이루어집니다.

– 기존 지하철 역세권 위주: 가장 큰 비중을 차지하는 것은 이미 지하철이 운영 중인 기존 역세권입니다. 이들 지역은 우수한 교통 인프라에도 불구하고 저이용되거나 노후화된 곳이 많아, 용도지역 상향을

통해 고밀 복합 개발 잠재력을 극대화하려는 것입니다. 주거지역이나 저층 상업지역을 준주거 또는 상업지역(근린, 일반, 중심상업)으로 상향하여 업무·상업·주거·문화 등 다양한 기능이 융합된 공간으로 재탄생시킵니다.
- 신설 지하철 역세권도 잠재적 대상: 앞으로 신규 노선이 개통되어 형성될 새로운 역세권 역시 장기적인 관점에서 대중교통 중심의 거점으로 육성될 수 있도록 초기 계획 단계부터 상업지 지정을 검토할 수 있습니다.

• 지정의 주요 효과

신규 상업지 지정은 서울의 도시경쟁력과 시민 삶의 질 향상에 다각적인 긍정적 효과를 가져올 것으로 기대됩니다.

- 일자리 창출 및 지역 경제 활성화: 상업시설 확충은 기업 유치, 신규 비즈니스 활성화, 건설 및 서비스업 일자리 증대로 이어져 지역 경제에 활력을 불어넣습니다.
- 도시경쟁력 강화: 용산 국제업무지구와 같은 글로벌 비즈니스 허브 조성을 통해 서울을 세계적인 첨단·창의 도시로 도약시키는 기반을 마련합니다.
- 지역 균형 발전 가속화: 서울시의 최우선 목표 중 하나로, 상업지역 총량제 폐지 등을 통해 강북 지역에 훨씬 더 많은 상업지 지정 기회를 부여합니다. 이는 강북을 베드타운이 아닌 일자리와 상업, 문화 기능이 어우러진 자족도시로 변화시켜 강남과의 격차를 해소하고 서

울 전역의 균형 발전을 이끌 것입니다.
- 도시 공간의 효율성 및 혁신: '비욘드 조닝' 개념 도입으로 용도지역 간 칸막이를 없애고, 복합 용도 개발을 유도하여 서울의 제한된 공간을 더욱 효율적이고 창의적으로 활용할 수 있게 됩니다. 이는 시민들에게 다양한 활동을 한 공간에서 누릴 수 있는 편리하고 매력적인 도시 환경을 제공합니다.

결론적으로, 서울시의 '신규 상업지 지정' 정책은 일자리 창출을 핵심 동력으로 삼아 강북권의 대규모 변화를 포함한 도시 전체의 균형 발전을 이루고, 미래 시대에 맞는 유연하고 혁신적인 도시 공간을 만들어 나가려는 서울시의 중요한 청사진입니다.

- **상업지 지정/용도지역 상향 예상 역세권 10곳**

서울시의 정책을 토대로 기존 역세권 가운데 상업지 지정/용도지역 상향이 예상되는 기존 역세권 10곳 혹은 일대는 아래와 같이 추정해 볼 수 있겠습니다.

- 청량리역 일대(동대문구): 이미 개발이 활발하지만, '광역중심'이자 GTX, SRT 등 교통 허브로서 추가적인 상업/업무 기능 강화 여지가 큽니다.
- 왕십리역 일대(성동구): 청량리와 함께 '광역중심'이며, 동북권 교통 요충지로 복합개발 잠재력이 높습니다.
- 창동·상계역 일대(도봉구/노원구): '광역중심'이자 서울 동북권 신경

제 중심지 조성을 목표로 하고 있어 상업·업무 기능 강화가 필연적입니다. 현재 개발이 활발하게 진행 중입니다.

- 연신내·불광역 일대(은평구): '지역중심'이자 GTX-A 개통 예정 등 서북권 교통 요충지로, 베드타운 이미지 탈피를 위한 상업·업무 기능 강화가 예상됩니다.
- 미아사거리역·미아역 일대(강북구): '지역중심'으로 강북권 대개조의 핵심 지역 중 하나입니다. 노후 상업·주거지 개선 및 상업 기능 확대 가능성이 큽니다.
- 수유역 일대(강북구): 미아사거리와 함께 강북 지역의 중요한 상권이자 교통 요충지로, 강북권 대개조 정책의 수혜를 입을 수 있습니다.
- 홍제역 일대(서대문구): '지역중심'이자 최근 유진상가 일대 정비구역 지정 등 개발 논의가 활발하며, 내부순환로 진출입부로서 상업 기능 강화 잠재력이 있습니다.
- 사가정역 일대(중랑구): 역세권 활성화 사업 대상지로 선정된 바 있어, 상업/주거 복합개발을 통한 상업지역 확대가 유력합니다.
- 신림역 일대(관악구): 서남부권 최대 상권 중 하나이나, 여전히 저층 상업/주거지가 많아 고밀 복합개발 및 상업 기능 강화 여지가 큽니다.
- 목동역 일대(양천구): 대규모 아파트 단지를 배후에 두고 있으며, 상업 및 업무 기능 강화로 자족 기능 향상이 기대되는 곳입니다.

심층 투자 전략 : 철도 지하화와 복합환승센터 개발, 미래 투자의 핵심

"돈은 길 따라 움직인다."

부동산 투자에서 가장 먼저 봐야 할 것은 '길'입니다. 그중에서도 가장 강력한 길, 바로 '철도'입니다. 지하철, GTX, KTX 같은 철도망은 도시의 뼈대이자, 자본이 모이는 혈관이기 때문입니다. 이제는 단순한 역세권을 넘어서 지하화와 복합환승센터 개발이 미래 투자의 핵심 키워드가 되고 있습니다. 서울의 철도 투자에서 금액을 기준으로, 편의상 고액/중액/소액 투자지로 정리해 보겠습니다.

- 고액 투자지(10억 원 이상)

  핵심 철도 지하화 + GTX/KTX 연계 + 고가 지역 → 이미 검증된 핵심지. 큰 자본이 움직이는 지역.

- 중액 투자지(4~10억 원)

  지하화 예정 + 역세권이지만 아직 저평가, 개발 초기 단계 → 개발이 활발히 진행 중이며, 가격 상승 여지가 충분한 지역.

【 고액 투자지 주요 호재 정리 】

지역	주요 호재	비고
용산역 일대	경부선 · 경의선 지하화, GTX-B, 국제업무지구 부활	100년 도시계획급, 지상부 전체 공원화 계획
서울역~용산역 구간	경부선 지하화, KTX + GTX 중심	국내 최고 교통망 밀집, 용산과 연계 개발
영등포역 일대	영등포~신도림 구간 경부선 지하화	도심형 복합개발 + 한강 조망
강남 삼성역	GTX-A/C 환승, 위례신사선, 영동대로 지하 복합터미널	지하공간 개발 + 위례~강남 연결

【 중액 투자지 주요 호재 정리 】

지역	주요 호재	비고
창동역 일대	GTX-C, 동부간선도로 지하화, 창동역 복합센터	중랑천 일대 개발
신촌역 일대	경의선 지하화 검토, 서부선	지하화 시 상부 공원 + 상권 재활성화
청량리역 인근	GTX-B/C, 경춘선 지하화 일부 구간 검토	서울 동북부 교통 중심지 + 고밀 개발
왕십리역~응봉역 ~금호역 구간	중앙선 일부 지하화 논의 + 철도 상부 공원화	도심 속 철도 재정비 축

- **소액 투자지**(1~3억 원)

지하화 예정 or 검토 중 + 재개발 여지 + 저평가 지역 → 초기 투자, 즉 미래 가능성에 투자하는 가성비 지역.

철도 지하화 사업은 지상 공간을 공원 및 복합시설로 개발할 수 있어 토지 및 상업용지의 가치를 크게 높입니다. 일각에서는 10년 이상의 장기 계획이라는 점에서 투자를 망설일 수 있지만, 관련 이슈가 보도될 때마다 가격이 상승하는 '재미'를 맛볼 수 있습니다.

【 소액 투자지 주요 호재 정리 】

지역	주요 호재	비고
금천구 시흥 · 독산	경부선 지하화(금천구청역 포함), 신안산선	소음 해소 + 상권 재정비 기대
중랑구 상봉 · 망우역	경춘선/경의선 지하화	GTX-B 수혜 + 재개발 대상지 다수
은평구 새절 · 응암	서부선, 불광천변 철도 부지 정비	소형 빌라 위주, 중장기 가치 상승 가능
도봉/방학역 일대	GTX-C 간접 수혜, 도봉차량기지 이전 논의	차량기지 지상부 개발 기대, 다세대 밀집

신촌

: 젊음 넘어 복합 문화·산업·의료 거점으로 재도약

신촌의 가치:
대학 문화를 넘어선 미래형 도시로의 전환

신촌은 연세대, 이화여대, 서강대 등 명문 대학이 밀집한 서울의 대표적인 대학가이자 젊음과 문화의 상징입니다. 과거에는 활기 넘치는 상권과 다양한 문화 콘텐츠로 전성기를 누렸지만, 홍대 등 주변 상권의 성장에 따라 일시적인 침체기를 겪기도 했습니다. 그러나 서부선 경전철 신설, 대장홍대선 연결, 경의중앙선 지하화, 세브란스병원 증축, 그리고 무엇보다 대학 자원을 활용한 창조문화산업 및 의료·IT 융합산업 육성을 통해 새로운 활력을 불어넣고 있습니다.

신촌은 2호선 신촌역과 이대역, 경의중앙선 신촌역이 지나는 트리플 역세권에 더해 현대백화점 유플렉스 등 대형 상업시설과 연세대학교 세브란스병원이라는 국내 최고 수준의 의료 인프라를 갖추고 있습니다.

대학가 특유의 젊은 유동인구와 더불어 서부선 경전철 개통은 서울 서남권과의 접근성을 획기적으로 개선하며 새로운 수요를 유입할 것입니다. 또한, 경의중앙선 지하화 계획은 지상 공간의 활용도를 높여 '연트럴파크(경의선 숲길)'와 같은 새로운 녹지 및 상업 공간 조성으로 이어져 지역 가치를 크게 끌어올릴 잠재력을 가지고 있습니다.

여기에 대장홍대선 연결은 광명시 대장지구에서 서울 홍대입구역까지 이어지는 새로운 철도망으로, 신촌과의 연계성을 강화하여 서남권 및 수도권 서부와의 접근성을 더욱 향상시킬 것입니다. 특히, 이러한 교통 인프라 개선과 연계된 도시계획은 기존 철도 부지나 주변 지역의 '토지 용도 변경'으로 이어져 부동산 가치를 더욱 극대화할 수 있는 기회를 제공합니다.

신촌은 인근 명문 대학의 풍부한 인적·물적 자원을 적극 활용하여 디자인, 출판, 공연 예술, 콘텐츠 제작 등 다양한 창조 문화산업을 육성하기 위한 인프라 및 환경 조성에 힘쓰고 있습니다. 또한, 연세대학교 세브란스병원이라는 국내 최고 수준의 의료기관을 중심으로 의료와 AI, IT 기술이 융합된 첨단 의료 산업 기능을 육성하는 비전도 있습니다.

신촌은 이처럼 풍부한 교통, 상업, 의료 인프라를 바탕으로 과거의 명성을 되찾고, 나아가 문화·산업·의료가 융합된 미래형 도시로 거듭나며 부동산 투자 가치를 높여 가고 있습니다.

신촌의 재도약 요인 분석

신촌이 최근 핫플레이스로 다시 주목받는 현상은 '대학 자원', '교통 호재', '상권 활성화 노력' 등의 복합적인 요인들이 상호 작용한 결과입니다.

1. 교통 인프라 확장 및 개선: 서부선 경전철, 대장홍대선, 경의중앙선 지하화 및 용도 변경

- 서부선 경전철 신설: 새절역에서 서울대입구역을 잇는 서부선 경전철이 신촌을 관통할 예정입니다. 이 노선은 여의도, 노량진 등 서울 서남권 주요 업무지구로의 접근성을 획기적으로 개선하여 신촌의 교통 편의성을 한층 높일 것입니다.
- 대장홍대선 연결: 광명시 대장지구에서 서울 홍대입구역까지 이어지는 대장홍대선은 수도권 서부와의 연결성을 강화합니다.
- 경의중앙선 지하화 추진 및 용도 변경 기대: 서울시는 경의선 지하화

사업을 추진하고 있으며, 특히 신촌을 지나는 경의중앙선 구간의 지하화는 지상에 확보될 부지를 활용하여 연트럴파크(경의선 숲길)와 유사한 형태의 선형 공원 및 상업, 문화 복합 공간을 조성할 계획입니다. 무엇보다, 철도 지하화로 인해 발생하는 지상 부지의 용도 변경 가능성은 해당 부지 및 인근 지역의 토지 가치를 비약적으로 상승시킬 핵심 변수로 작용할 것입니다.

2. 대학 자원 연계 및 첨단산업 육성: 창조 문화산업, 의료·IT 융합

- 창조 문화산업 거점화: 연세대, 이화여대, 서강대 등 주변 대학의 인적·물적 자원을 활용하여 디자인, 출판, 공연 예술, 미디어 콘텐츠 등 다양한 창조 문화산업을 육성하고 있습니다.
- 의료·IT 융합 산업 육성: 연세대학교 세브란스병원을 중심으로 의료와 첨단 IT 기술이 융합된 산업 육성을 목표로 하고 있습니다.

3. 기존 상업·의료 인프라의 재활성화

- 대형 상업시설: 현대백화점 유플렉스와 다양한 로드샵, 식음료 매장 등이 밀집해 있어 젊은 층을 비롯한 다양한 연령대의 유동인구를 꾸준히 유치하고 있습니다.

- 세브란스병원 증축 및 의료 클러스터: 국내 최고 수준의 의료기관인 세브란스병원은 자체 유동인구뿐만 아니라, 병원 관련 종사자 및 방문객 수요를 창출하여 주변 상권과 주거 시장에 긍정적인 영향을 미칩니다.

4. 도시재생 및 주거환경 개선 노력

- 신촌동 도시재생사업: 과거 '신촌동 도시재생 활성화 계획'을 통해 상권 활력 강화, 공공 및 주거 공간 양질화, 공동체 역량 강화 등 다방면에서 도시재생 사업이 진행되었습니다.
- 쾌적한 주거환경: 주변 대학가와 상권이 형성되어 있지만, 주택가 또한 밀집해 있어 꾸준한 주거 수요가 존재합니다.

이러한 복합적인 요인들이 결합되면서 신촌은 단순한 대학 상권의 이미지를 넘어 새로운 교통축(서부선, 대장홍대선, 경의중앙선 지하화) + 땅의 용도 변경 가능성 + 대학 자원 기반의 혁신 산업 + 기존 상권의 재활성화라는 강력한 성공 방정식을 갖추게 되었고, 이는 부동산 가치의 재평가로 이어지고 있습니다.

핵심 개발 호재와 예상 변화

1. 신촌의 핵심 개발 호재

신촌 일대는 이미 서울의 중요한 기능을 담당하지만, 교통 혁신, 첨단산업 육성 등의 개발 호재들이 진행되고 있습니다.

- 서부선 경전철 신설: 서울 서남권과의 접근성 획기적 개선 및 역세권 용도 변경 기대

  새절역에서 명지대, 연세대, 여의도, 노량진을 거쳐 서울대입구역까지 이어지는 총연장 15.77km의 경전철 노선입니다. 신촌 지역에 신설 역사가 들어설 예정으로, 신촌의 교통 접근성을 크게 향상시킬 것입니다. 2026년 착공, 2031년 개통을 목표로 하고 있습니다. 특히, 역세권 개발 과정에서 역세권 용적률 상향 또는 용도 변경을 통한 고밀 복합개발이 추진될 경우, 주변 부동산의 가치는 더욱 극대화될 수 있습니다.

- 대장홍대선 연결: 수도권 서부와의 광역 접근성 강화

경기도 부천 대장신도시에서 서울 홍대입구역까지 연결되는 총연장 20.03㎞의 신규 광역철도 노선입니다. 홍대입구역은 신촌과 매우 인접해 있어 신촌 지역의 광역 접근성 향상에 기여할 것입니다. 2031년 개통을 목표로 추진되고 있습니다.

- 경의중앙선 지하화 및 지상공간 개발: '신촌형 연트럴파크' 조성 및 용도 변경을 통한 부동산 가치 상승

서울시는 지상으로 운행 중인 경의중앙선 구간의 지하화를 장기적으로 추진하고 있으며, 이중 신촌을 통과하는 구간의 지하화는 지역 발전에 중요한 변수가 될 것입니다. 지하화된 철도 상부 공간은 공원, 녹지, 문화시설, 상업시설 등 복합적인 용도로 개발될 가능성이 높습니다. 특히, 마포구 연남동 일대의 경의선 숲길(연트럴파크)이 지하화된 철도 부지 위에 조성되어 지역의 랜드마크가 되고 주변 부동산 가치를 크게 끌어올린 사례가 신촌 일대에도 적용될 것입니다. 지하화로 인해 약 2.6㎞에 달하는 지상 공간이 새로 확보될 예정이며, 이 과정에서 기존 철도 부지가 '철도 용지'에서 '공원/상업/주거 용지' 등 다른 용도로 변경될 가능성이 높아 해당 부지의 가치를 크게 높이고, 개발 밀도를 상향 조정할 수 있는 핵심적인 요소입니다.

- 연세대학교 세브란스병원 증축 및 의료 클러스터 강화: 의료 관련 산업 및 배후 수요 증대

연세대 세브란스병원의 지속적인 시설 개선 및 확장은 국내 최고 수준

의 의료 서비스를 제공하며, 주변 지역의 의료 클러스터 기능을 강화하고 있습니다. 세브란스병원은 신촌 지역의 핵심 앵커 시설로, 안정적인 상주인구(의료진, 관계자)와 유동인구(환자, 보호자)를 제공합니다.

2. 신촌의 미래 가치 예상 변화

신촌 일대는 서울 서북권의 '미래형 교통 · 산업 · 문화 · 의료 복합 자족 도시'로 진화하며, 압도적인 투자 가치를 창출할 것입니다.

- 광역교통 허브의 완성 및 토지 활용 극대화

서부선 경전철 개통으로 신촌은 2호선, 6호선, 경의중앙선에 더해 서부선까지 지나는 명실상부한 쿼드러플(4개 노선) 역세권으로 거듭나 서울 서남권과의 접근성이 획기적으로 개선될 것입니다. 특히, 경의중앙선 지하화와 이로 인한 약 2.6km에 달하는 지상 부지의 용도 변경은 토지 활용도를 극대화하고 새로운 가치를 창출하며 모든 부동산에 대한 압도적인 접근성 및 환경 프리미엄을 부여할 것입니다.

- 대학 기반의 혁신 산업 및 일자리 창출 거점

대학의 인재와 자원을 활용한 창조 문화산업 및 의료 · IT 융합 산업 육성은 신촌을 새로운 일자리 창출의 핵심 거점으로 만들 것입니다.

- **활력 넘치는 상권과 쾌적한 주거환경**

    연세로 차량 통행 재개와 경의중앙선 지하화를 통한 지상 공간 개발로 상권 활성화가 가속화되고, 지속적인 도시재생 및 주거환경 개선을 통해 쾌적하고 편리한 주거 인프라를 갖춘 도시로 발전할 것입니다.

신촌 일대의 핵심 투자처

신촌 일대는 '신촌형 센트럴파크'라는 명확한 개발 방향과 높은 성장 잠재력을 가지고 있습니다.

1. 서부선 경전철 신설역 인근 주거용 부동산: 최고의 교통 프리미엄 선점

- 핵심 투자처: 서부선 신설역(예정)으로부터 도보로 접근 가능한 아파트, 오피스텔, 소형 주택 등.
- 투자 포인트: 서부선 경전철 개통의 최대 수혜 지역으로, 여의도 등 핵심 업무지구로의 출퇴근 시간이 획기적으로 단축됩니다. 특히, 역세권 활성화 계획에 따라 용도 변경 또는 용적률 상향을 통한 개발 가능성이 있는 노후 주택은 더욱 주목할 만합니다.
- 주의 사항: 높은 초기 투자 비용이 필요할 수 있으며, 실제 개통 시점과 연동된 투자 전략이 중요합니다.

2. 연세로 주변 상업용 부동산: 상권 활성화의 직접 수혜

- 핵심 투자처: 연세로 일대의 기존 상가 건물, 현대백화점 유플렉스 인근 상업시설, 향후 신규 공급될 상업시설 내 분양 물건.
- 투자 포인트: 연세로 차량 통행 재개 및 서부선 경전철 개통으로 인한 유동인구 증가의 직접적인 수혜를 입을 수 있습니다.
- 주의 사항: 상권 활성화 정도, 권리금 형성 여부, 주차 시설 등을 종합적으로 고려해야 합니다.

3. 경의중앙선 지하화 예정 부지 인근 부동산: '신촌형 연트럴파크' 조성 및 용도 변경에 따른 가치 상승

- 핵심 투자처: 경의중앙선 지하화 예정 구간 및 지상 개발부지 인근의 주거용(아파트, 빌라) 및 상업용(상가, 오피스) 부동산.
- 투자 포인트: 철도 지하화를 통한 지상 공간 개발은 신촌에 새로운 녹지 공간과 상업/문화시설을 제공하며 쾌적성과 유동인구를 동시에 증진시킬 것입니다. 특히, 지하화 이후 지상 부지의 용도 변경(예: 철도용지 → 상업용지/주거용지 등) 가능성은 해당 부지 및 인근 지역의 토지 가치를 비약적으로 상승시키는 가장 강력한 요인이 될 것입니다.
- 주의 사항: 지하화 사업은 장기간에 걸쳐 진행되므로, 구체적인 사업 진행 상황과 계획을 꼼꼼하게 모니터링해야 합니다.

4. 세브란스병원 인근 주거 및 상업용 부동산: 의료 관련 배후 수요 확보

- 핵심 투자처: 세브란스병원 주변의 오피스텔, 소형 아파트, 병원 종사자 및 방문객 수요를 흡수할 수 있는 상업시설.
- 투자 포인트: 국내 최고 수준의 병원이 주는 안정적인 배후 수요(의료진, 병원 관계자, 환자 및 보호자)를 바탕으로 주거용 부동산은 높은 임대수익률을, 상업용 부동산은 안정적인 매출을 기대할 수 있습니다.

5. 노후 주택가 재정비 추진 지역: 주거환경 개선 및 장기 투자 가치

- 핵심 투자처: 신촌 일대에서 재개발, 재건축, 가로주택정비사업 등이 추진 중이거나 추진 가능성이 있는 노후 빌라, 단독주택, 소형 아파트 등.
- 투자 포인트: 서부선 경전철 개통 및 상권 활성화의 간접 수혜와 함께 주거환경 개선을 통한 가치 상승을 기대할 수 있습니다.
- 주의 사항: 정비사업은 긴 사업 기간, 추가 분담금 발생, 인허가 지연 등 리스크가 존재한다는 것을 염두에 둬야 합니다.

성공 투자를 위한 체크 포인트

1. 투자 시 고려해야 할 리스크 요인들

신촌 일대 투자는 높은 잠재력을 지니지만, 무엇보다 젊은 층의 '니즈'를 잘 살펴야 합니다.

• 교통 호재의 개통 시점과 영향

서부선 경전철과 대장홍대선은 2031년 개통 목표로 하고 있지만, 실제 개통 시점은 변동될 수 있습니다.

• 상권 경쟁 심화 가능성

연세로 차량 통행 재개로 상권이 활성화될 여지가 있지만, 홍대 등 주변 상권과의 경쟁은 여전히 존재합니다.

2. 투자 전 알아 두면 좋은 Q&A ①

Q. 경의중앙선 지하화 사업이 부동산 시장에 미칠 영향은 어느 정도일까요?

A. 경의중앙선 지하화 사업은 지상 철도를 지하로 내리고, 그 상부 공간을 새롭게 개발하는 대규모 도시재생 프로젝트로, 가좌역부터 서울역까지의 구간을 포함하며, 2028년 착공을 목표로 합니다. 이 사업은 도시의 단절을 해소하고 소음과 미관 저해 요소를 제거하며, 새로운 가치를 창출하여 주변 지역 부동산 시장에 막대한 영향을 미칠 전망입니다. 이전의 성공 사례들을 통해 사업의 미래를 예측할 수 있습니다.

- 경의선 숲길(연트럴파크) 사례

폐선된 경의선 철도 부지를 활용한 경의선 숲길은 특히 홍대입구역 3번 출구 인근 연남동 구간에서 '연트럴파크'라는 별칭으로 불리며 지역을 완전히 바꾸어 놓았습니다. 한국경제 보도(2018년)에 따르면, 경의선 숲길 공원 개장 후 2년 만에 연남동 전체 평균 평당 가격이 57%가량 상승했습니다. 오마이뉴스 보도(2019년)에 따르면, 연트럴파크에 인접한 한 건물은 2009년 15억 원에 거래되었다가 2018년 40억 원에 거래되어 10년 만에 2.7배(25억 원) 상승했습니다.

- 경춘선 숲길 사례

노원구 일대에 걸쳐 폐선된 경춘선 철도 부지를 공원으로 조성한 경춘선 숲길은 과거 철도로 인해 단절되고 소음 문제에 시달리던 공릉동 일대를 주민들의 휴식과 여가 공간으로 탈바꿈시켰습니다.

'경의중앙선 지하화' 사업은 경의선 숲길과 경춘선 숲길 사례에서 보듯이, 도시의 근본적인 환경과 기능을 개선하여 부동산 가치를 상승시키는 매우 강력한 호재입니다. 철도 부지가 단순한 교통시설을 넘어 공원·상업·문화 복합 공간으로 재탄생하며 해당 지역의 매력을 극대화하기 때문입니다. 정부와 서울시의 강력한 추진 의지와 선행 성공 사례들을 고려할 때, 경의중앙선 지하화 사업은 신촌을 포함한 주변 지역의 부동산 가치를 장기적이고 지속적으로 상승시킬 매우 유망한 투자 요소로 평가됩니다.

3. 투자 전 알아 두면 좋은 Q&A ②

Q. 서울 도심 내에서 주목해야 할 '기회의 땅'은 어디인가?

A. 이제는 국가 간 경쟁을 넘어 '도시 간 경쟁'의 시대가 도래했습니다. 인재와 자본이 집중되는 '메가시티'는 거스를 수 없는 대세로 자리 잡고 있습니다. 글로벌 기업, 투자, 인재를 유치하기 위해 메가시티 단위의 경쟁력이 갈수록 중요해지고 있는 것입니다. 대한민국의 수도 서울은 1천만 명이 거주하는 거대 도시임에도 불구하고, 글로벌 경쟁력을 갖춘 메가시티 관점에서는 여전히 '미완성'이라는 평가를 받아 왔습니다. 하지만 서울은 현재 글로벌 선도 도시로 도약하기 위한 박차를 가하고 있습니다. 이러한 서울의 성장을 위한 주요 과제 중 하나가 바로 '가용 용지의 부족'입니다. 더 이상 개발할 땅이 부족하다는 현실을 극복하기 위한 '묘책'이 바로

'철도 지하화 사업'입니다.

서울 시내 철도 지하화 사업

철도 지하화 및 상부 공간의 데크 활용은 서울의 가용지 부족 문제를 해결할 핵심 방안으로 떠오르고 있습니다. 이는 철도 상부의 입체 복합개발을 통해 지역 단절을 해소하고 공간을 창출하여 거점 기능을 고도화하겠다는 구상입니다. 주요 거점 역사와 차량기지 등을 주거·업무·여가 시설이 어우러진 복합 공간으로 개발하여 지역의 새로운 중심 역할을 부여할 예정입니다.

【 서울 시내 주요 철도 차량기지 현황 】

	차량기지명	위치	면적(㎡)	개발 현황
1	용산(정비창)	용산구 한강로동	494,601	용산국제업무지구 개발 중
2	창동	노원구 상계동	179,578	복합용지 개발 추진 중
3	광운(물류부지)	노원구 월계동	150,000	광운대역세권 개발사업 진행 중
4	수서	강남구 수서동	204,280	복합개발 계획 수립 중
5	수색	은평구 수색동	449,371	수색역 복합역사 개발 중
6	방화	강서구 방화동	170,965	이전 타당성 조사 진행 중
7	신내	중랑구 신내동	190,140	복합화 구상 구체화 단계
8	이문(성북)	동대문구 이문동	200,000	개발 추진 공식화
9	구로	구로구 구로동	237,380	개발 논의 중
10	고덕	강동구 고덕동	262,926	도시공존형 복합개발 검토 중
11	신정(양천)	양천구 신정동	234,286	상부 개발 계획 중
12	군자	성동구 용답동	212,000	장기적 복합개발 대상지로 분류
13	개화	강서구 개화동	379,683	미정
14	천왕	구로구 천왕동	197,026	미정

특히 서울 내 철도 차량기지 면적만 약 4.6㎢에 달하며, 이는 여의도 면적의 약 1.5배에 이르는 실로 어마어마한 면적입니다. 그동안 지상 철도는 도시 공간 단절과 주변 지역의 환경 악화(소음, 분진, 진동 등)의 주범으로 인식되어 왔습니다. 이제까지 서울 도심에서 낙후시설로 외면받았던 철도 정비창, 철도 차량기지가 일자리 혁신 공간이자 입체 복합개발 공간으로 변신하면서 진정한 기회의 땅으로 탈바꿈할 것입니다.

▲ 서울의 가용공간 잠재력과 입체복합화를 통한 공간 창출도

심층 투자 전략 :
서울 부동산 판이 바뀐다

서울 시내 지상철도 구간(경부선, 경원선 등 약 68km)을 모두 지하화하는 데 필요한 사업비는 25조6천억 원으로 추산됩니다. 이 사업은 서울의 부동산 지형을 완전히 바꾸게 될 것으로 전망되며, 최근 10년간 부동산 시장에서 가장 강력한 개발 호재 중 하나로 꼽힙니다.

1. 지하화 구간의 '상부 개발' 예상 지역

철도 지하화 특별법의 핵심은 상부 부지 개발 이익으로 지하화 사업비를 충당하는 것입니다. 따라서 단순히 철로 옆이 아니라, 개발될 상부 부지에 인접한 지역을 최우선으로 선점해야 합니다.

- 상업/업무/주거 복합개발 예상 지역
  서울역, 영등포역, 청량리역, 용산역 등 핵심 철도역 인근은 이미 대규모 개발계획이 있거나, 지하화 후 상부 개발 시 국제 비즈니스, 주거, 상업, 문화 복합 공간으로의 변모가 확실시됩니다. 이들 역세권 주변의 기존 노후 상업/업무시설이나 주거지는 엄청난 가치 상승을 기대할 수 있습니다.

- **대규모 철도 조차장 및 차량기지 이전 부지**

경부선 서울역~영등포역 구간, 경원선 청량리역 인근 등에 넓게 펼쳐진 조차장이나 차량기지 부지는 철도 지하화 후 가장 큰 개발 잠재력을 가지게 됩니다. 이곳이 개발되면 사실상 신도시급 복합단지가 도심에 생기는 것과 마찬가지입니다(예: 광운대역 차량기지, 청량리 차량사업소, 구로차량기지 등).

- **넓은 선형 공원 및 상업시설 조성 구역**

선형 공원 형태로 개발되면서도 상업시설이 함께 들어설 수 있는 구간은 유동인구 증가와 상권 활성화에 직접적인 영향을 미칠 것입니다.

2. 철도 인접 '낙후 주거지' (재개발/리모델링 잠재력)

현재 철도 소음, 분진, 미관 저해 등으로 저평가된 인접 주거지역이 지하화의 가장 큰 수혜를 입을 것입니다.

- **지하화 노선 인접 노후 빌라/다세대/단독주택**

사업 초기 단계의 재개발/재건축 추진 구역은 철도 소음과 단절 효과로 인해 개발이 지연되었거나 사업성이 낮게 평가되었던 지역들이 지하화가 확정되면서 사업성이 크게 개선될 것입니다. 이러한 초기 단계의 노후 주택 지분을 선점하는 것이 높은 수익률을 기대할 수 있습니다.

- 리모델링/재건축 가능한 소규모 필지

지하화로 인한 환경 개선은 개별 필지의 리모델링이나 소규모 재건축의 가치를 높일 것입니다. '카페 거리'나 '예술인 거리'처럼 특정 테마를 가진 상권으로 변모할 가능성도 있습니다.

- 대표적인 수혜지
  - 경부선 라인: 영등포구(신길동, 영등포동 등), 구로구(구로동, 신도림동 등), 금천구(가산동, 독산동 등) 일대 철도변 노후 주택가.
  - 경원선 라인: 동대문구(청량리동, 제기동 등), 성동구(행당동, 용답동 등), 광운대역 인근 노원구 등 철도변 노후 주택가.

3. 교통 허브 '역세권' 및 업무지구 확장 지역

철도 지하화는 단순히 상부를 개발하는 것을 넘어, 철도로 단절되었던 지역 간의 연결성을 획기적으로 개선하여 역세권의 범위를 확장하고 업무지구의 기능을 강화할 것입니다.

- **확장된 역세권 범위 내 상업용 부동산**

  기존 역세권에서 철도로 인해 상권이 단절되었던 구간이 지하화 후 연결되면서 새로운 상업 가치를 창출할 수 있습니다. 이는 신규 상업시설은 물론 기존 노후 상가의 리모델링 가치를 높일 것입니다.

- **업무지구 확장 가능성**

  철도 지하화로 확보되는 대규모 유휴 부지가 새로운 업무시설 용지로 활용될 경우, 기존 업무지구(예: 영등포, 청량리)의 확장 및 고도화를 기대할 수 있습니다. 이 경우 관련 업종의 오피스 수요가 증가하여 업무용 부동산의 가치가 상승할 것입니다.

4. 장기적인 관점의 '문화/녹지 연계' 공간

상부 공간 개발은 단순히 상업적인 용도뿐 아니라 공원, 문화시설, 보행로 등 공공성 강화를 위한 녹지/문화 공간으로도 조성됩니다.

- **'선형 공원' 프리미엄**

  '경의선 숲길'처럼 철도 부지를 활용한 선형 공원은 인근 주거지의 '공세권', '숲세권' 프리미엄을 더해 줄 것입니다. 쾌적성 증가로 주거 가치가 크게 상승합니다.

- **문화/예술 콘텐츠 연계 가능성**

특정 구간은 문화예술 공간, 창업 공간 등으로 특화 개발될 수 있습니다. 이러한 지역 인근의 소규모 상업시설이나 주택은 독특한 문화적 가치를 지니게 될 것입니다.

투자 시 고려해야 할 사항은 철도 지하화는 아직 초기 단계이며, 구체적인 구간별 개발 계획은 정부와 서울시의 발표를 통해 확정될 예정이라는 것입니다. 언론 보도에만 의존하지 말고, 서울시 및 국토교통부의 공식 발표 자료와 계획을 꼼꼼히 확인할 필요가 있습니다.

또 천문학적인 사업비와 복잡한 인허가, 주민 협의 등으로 인해 실제 착공과 완공까지는 상당한 시일이 소요될 수 있습니다. 따라서 단기 시세차익보다는 장기적인 관점에서 접근하는 것이 바람직합니다.

무엇보다 개별 필지의 용도 및 규제 확인이 필요합니다. 모든 철도 인접 부지가 동일한 개발 혜택을 받는 것은 아니기 때문에 토지이용계획, 용도지역, 지구단위계획 등 개별 필지에 적용되는 규제를 철저히 확인하는 과정이 선행되어야 합니다.

봉천

: 관악S밸리와 함께 서남2권 첨단 창업·업무 허브로

봉천의 가치:
관악S밸리를 품은 서남권의 혁신 성장 엔진

봉천동은 서울 관악구의 중심부에 위치하며, 서울대학교의 국내 최고 수준 교육 및 연구 인프라를 인접해 두고 있습니다. 과거에는 주로 주거지역으로서의 기능이 강했지만, 서울시가 "대학과 낙성대 일대 R&D 기능을 연계하여 벤처 및 창업을 지원하는 업무·상업·여가·주거 등 복합기능을 육성하겠다."는 구체적인 비전을 제시하며 새로운 도시 성장의 기회를 맞이하고 있습니다.

이 비전은 '관악S밸리' 사업을 통해 구체화되며, 봉천이 단순한 주거지가 아닌 서남2권의 행정·상업·문화·업무 복합 중심지이자 R&D 기반의 혁신 창업 클러스터로 진화할 것임을 예고합니다.

현재 봉천동은 2호선 서울대입구역과 봉천역을 중심으로 상업 및 주거시설이 밀집해 있으며, 관악구청 등 행정기관이 위치하여 행정 중심지 역할도 수행하고 있습니다. 관악산을 배후에 두고 있어 쾌적한 자연환경을 제공하며, 서울대의 풍부한 인적·물적 자원은 지역 발전에 강력한 잠재력을 부여합니다. 특히, 서울대를 기반으로 낙성대 일대에 조성되는 '관악S밸리'는 봉천을 미래형 업무 중심지로 변모시킬 핵심 동력입니다.

이와 더불어 신림선 경전철 개통(2022년 5월) 및 서부선 경전철 신설 계획(2031년 개통 예정)은 봉천의 교통 접근성을 획기적으로 개선하며 새로운 인구 유입과 지역 활성화를 촉진할 것입니다.

이러한 변화들은 봉천을 주거, 행정, 상업, 문화, 그리고 첨단 업무 기능이 유기적으로 결합된 서남2권의 중추 도시로 성장시킬 것입니다.

봉천의 급부상 요인 분석

관악S밸리: 대한민국 벤처·창업 생태계의 새로운 축

관악S밸리는 서울 관악구가 서울대, 중소벤처기업부 등과 협력하여 추진하는 벤처·창업 생태계 조성 프로젝트의 명칭입니다. 미국의 실리콘밸리(Silicon Valley)를 벤치마킹하여 서울대의 우수한 인재와 기술력을 바탕으로 혁신적인 스타트업들을 육성하고, 이를 통해 지역 경제를 활성화하겠다는 목표에 따라 추진되고 있습니다. 따라서 관악S밸리는 대한민국 벤처·창업 생태계의 새로운 축으로 떠오를 전망입니다.

관악S밸리는 서울대의 방대한 연구 역량과 우수 인재를 핵심 자산으로 활용합니다. 서울대학교 연구공원, 창업지원단 등과 연계하여 기초 기술 개발 및 상용화를 지원합니다. 관악S밸리는 크게 '낙성벤처밸리'와 '신림창업밸리'의 두 축으로 구성됩니다.

- 낙성벤처밸리: 서울대와 인접한 낙성대동 일대를 중심으로 R&D 기반의 첨단 기술 벤처 육성에 초점을 맞춥니다.

- 신림창업밸리: 신림동 일대 고시촌을 중심으로 청년 창업 및 초기 스타트업 육성에 중점을 둡니다.

단순 공간 제공을 넘어 시제품 제작 지원, 기술 컨설팅, 투자 유치(데모데이, 펀드 조성), 대기업과의 오픈 이노베이션 연계 등 스타트업 성장을 위한 전방위적인 지원을 제공합니다. 이곳은 벤처기업육성촉진지구 지정

【 서울의 주요 밸리 비교: 가산G밸리 vs 테헤란밸리 vs 관악S밸리 】

	가산G밸리 (서울디지털산업단지)	테헤란밸리 (강남구 테헤란로 일대)	관악S밸리 (서울대-낙성대-신림 일대)
역사/배경	산업화 시대의 상징: 1960년대 구로공단으로 시작, 제조업 중심 → IT/지식산업 전환(국가산업단지)	IMF 이후 벤처 붐의 상징: 1990년대 후반 벤처 붐과 함께 IT/벤처 기업 집적(도심 비즈니스 중심지)	대학 기반 혁신 성장: 서울대의 R&D 역량 기반, 2020년대 이후 창업 생태계 조성(대학 연계형 혁신 클러스터)
주요 기능	제조업 → IT/지식서비스 산업 : 대규모 지식산업센터 중심, 생산/R&D/사무 복합	IT/금융/컨설팅/스타트업 : 대기업, 중견기업 본사 및 강남 상업지구 중심	R&D 기반 벤처/창업 육성 : 초기 스타트업 및 기술 기반 벤처 기업 집중 육성
핵심 강점	저렴한 임대료, 대규모 집적, 제조업 기반 노하우, 잘 갖춰진 산업 인프라	뛰어난 접근성(강남), 고급 인프라, 대기업 본사 밀집, 풍부한 자본	서울대 R&D 역량, 우수 인재(청년), 저렴한 주거/생활비, 초기 창업 지원 특화
산업 특성	비교적 넓은 산업 스펙트럼, 중견~대기업 계열 IT/제조업 다수	IT, 금융, 컨설팅 등 고부가가치 서비스업 중심, 대기업-스타트업 공존	AI, 바이오, 빅데이터 등 첨단 기술 기반 스타트업, 청년 창업 중심
종사자 수	약 15만 명(2023년 기준)	강남 일대 SW 산업 전문인력 약 352,000명 중 상당수	약 1,040명(2025년 1월 기준, 창업 인프라 시설 내), 6,400명 고용 창출 목표
미래 지향점	산업 고도화 및 복합화(주거/상업 기능 강화)	글로벌 비즈니스 허브 유지, 금융/IT 중심 첨단 산업 생태계 강화	글로벌 수준의 벤처/창업 허브, 산학연 연계 혁신 생태계 구축
부동산 가치	높은 업무 수요 기반 안정적 가치: 지식산업센터, 오피스텔 수요 높음	서울 최고 수준의 부동산 가치: 상업/업무시설, 고가 아파트	미래 성장 잠재력 기반 가치 상승: 초기 인프라 구축으로 향후 성장 가능성 높음

(2022년) 및 R&D 벤처·창업 특정개발진흥지구 대상지 선정(2023년)을 통해 용적률, 건폐율 등 도시계획 규제 완화 및 재정 지원의 근거를 마련하여 개발을 가속화하고 있습니다.

관악S밸리는 가산G밸리와 테헤란밸리가 가진 강점을 흡수하면서도, '서울대'라는 독보적인 자산을 기반으로 합니다.

- 초격차 기술 기반 창업 생태계: 서울대학교의 기초 과학 및 첨단 기술 연구 역량을 바탕으로 '초격차 기술'을 가진 스타트업을 육성하는 데 집중합니다.
- 풍부한 청년 인구와 저비용 창업 환경: 서울대 학생들을 비롯한 젊고 도전적인 인재들이 풍부하며, 강남 테헤란밸리보다 상대적으로 저렴한 주거비와 생활비는 창업 초기 기업에게 매력적인 저비용 고효율 환경을 제공합니다.
- 산학연 연계의 최적화: 서울대학교의 연구 역량과 연계된 실제적인 멘토링, 기술 이전, 공동 연구 등을 통해 산학연 협력 모델의 성공적인 사례를 만들어 낼 잠재력이 가장 높습니다.
- 주거·업무·상업·여가 복합 기능: 단순한 업무지구를 뛰어넘어, R&D 기반의 업무 기능과 함께 주거·상업·여가·문화 기능이 유기적으로 결합된 직주락(職住樂) 복합도시를 지향합니다.

핵심 개발 호재와 예상 가치

1. 봉천의 핵심 개발 호재

봉천의 핵심 개발 호재는 관악S밸리 사업과 교통 혁신입니다.

- **관악S밸리 조성: 벤처·창업의 메카로 도약**
  - 서울 관악구가 서울대와 협력하여 낙성대 및 대학동 일대에 추진하는 벤처·창업 생태계 조성 사업입니다.
  - 현황: 현재 18개소의 창업지원 시설과 238개의 창업 공간을 제공하며, 500여 개 기업과 3,000명이 넘는 창업가들이 활동하고 있습니다.
  - 규제 완화 및 지원: 2022년 벤처기업육성촉진지구 지정, 2023년 'R&D 벤처·창업 특정개발진흥지구' 대상지 선정으로 용적률, 건폐율, 높이 등 도시계획 혜택 및 재정 지원의 근거가 마련되었습니다.
  - 부동산 영향: 고소득 전문직 인구의 유입과 새로운 일자리 창출로 업무용 및 상업용 부동산의 수요를 견인하고, 주거용 부동산 가치 상승

에도 긍정적 영향을 미칩니다.

- **신림선 경전철 개통 및 서부선 경전철 신설: 광역교통 접근성 획기적 개선**
  - 신림선 경전철 개통(2022년): 여의도 샛강역까지 약 10분대 이동이 가능해져 여의도 직장인들의 직주근접 수요를 크게 증가시켰습니다.
  - 서부선 경전철 신설(2031년 개통 목표): 새절역에서 여의도, 장승배기, 서울대입구역을 잇는 노선으로, 서울대입구역을 경유하고 향후 연장될 가능성이 큽니다.
  - 부동산 영향: 신림선 개통으로 역세권 프리미엄이 형성되었고, 서부선 신설은 이를 더욱 강화하여 봉천을 더욱 선호하는 주거지로 만들 것입니다.

- **노후 주택가 재정비 및 주거환경 개선: 쾌적하고 현대적인 주거 공간 확충**
  - 봉천동 내 노후 주택가가 밀집한 지역에 대한 재개발, 재건축, 가로주택정비사업 등이 지속적으로 추진될 것입니다.
  - 현황: 봉천동은 과거부터 주택 재개발 사업이 활발히 진행되어 왔으며, 현재도 일부 구역에서 신규 아파트 단지 조성 및 노후 주택 정비 사업이 추진 중입니다.
  - 부동산 영향: 노후 주택가가 고품격 신축 아파트 단지로 변모하면서 주거 가치가 크게 상승하고, 인구 유입 및 주거 만족도 향상을 기대할 수 있습니다.

- 상업 · 문화 · 생활서비스 기능 강화: 복합 여가 공간 조성
  - 서울대 일대의 젊은 유동인구와 관악S밸리에서 유입될 전문 인력을 위한 상업 · 문화 · 여가 기능이 강화될 것입니다.
  - 현황: 서울대입구역 인근 '샤로수길'처럼 개성 있는 상점, 카페, 레스토랑 등이 더욱 활성화되고, 지역의 명소로 자리매김할 것입니다.
  - 부동산 영향: 상업 · 문화 기능 강화는 지역의 유동인구를 증가시켜 상업용 부동산의 임대수익을 높이고, 공실률을 낮추는 데 기여합니다.

2. 봉천의 미래 가치 예상 변화

앞으로 관악S밸리 사업이 순조롭게 진행된다면, 봉천은 다음과 같은 모습으로 변화하며 그 가치와 역할을 극대화할 것입니다.

- 서울 서남2권의 명실상부한 첨단 업무 중심지

  혁신적인 스타트업들이 밀집하고, 서울대 연구 인력과 외부 인재들이 교류하며 새로운 기술과 아이디어를 창출하는 활기 넘치는 비즈니스 허브가 될 것입니다.

- 고소득 전문직 인구 유입 및 주거 수준 향상

  관악S밸리에서 일하는 고소득 전문직 인구의 유입은 지역 주거 수요를 증가시키고, 주변 주거시설의 고급화를 촉진할 것입니다.

- 교통 허브로서의 위상 강화

  신림선 개통과 서부선 신설(예정)은 봉천의 교통 접근성을 압도적으로 끌어올려 서울 주요 업무지구(여의도, 강남)와의 연계를 강화합니다.

- 활기 넘치는 상업·문화 생태계 조성

  젊고 진취적인 인재들이 모여들면서 '샤로수길'과 같은 특색 있는 상권이 더욱 발전하고, 다양한 문화·여가 시설이 확충되어 생기 넘치는 도시 분위기를 형성할 것입니다.

- 서울의 새로운 성장 동력

  관악S밸리는 서울의 기존 성장축인 강남(테헤란밸리)과 구로·금천(G밸리)에 더해, 대학 기반의 새로운 혁신 성장축을 형성하며 서울의 경제적 다양성과 활력을 높이는 데 기여할 것입니다.

  관악S밸리의 완성은 봉천을 서울대의 지식과 관악구의 지원이 결합된, R&D 기반의 첨단 기술 벤처·창업의 요람이자, 행정·상업·문화·여가·주거 기능이 완벽하게 조화된 서남권의 핵심 자족 도시로 도약시킬 것입니다. 이는 봉천의 부동산 가치에 장기적이고 지속적인 상승 동력을 제공할 것이며, 서울의 미래를 이끌어 갈 중요한 축 중 하나로 자리매김하게 될 것입니다.

봉천 일대의 핵심 투자처

봉천 일대는 교육, 연구, 비즈니스, 주거, 상업, 문화가 유기적으로 결합된 서남2권의 대표적인 혁신 복합 자족 도시로서 높은 성장 잠재력을 가지고 있습니다.

1. 서울대입구역~낙성대역 인근 오피스텔 및 소형 아파트: 관악S밸리 및 직주근접 수요 공략

- 핵심 투자처: 서울대입구역, 낙성대역 등 2호선 역세권 및 신림선 연계 지역의 오피스텔, 소형 아파트. 특히 관악S밸리 주요 거점 시설과 인접한 곳.
- 투자 포인트: 관악S밸리 조성으로 인한 벤처·창업 기업 종사자, 연구 인력, 그리고 여의도 등으로 출퇴근하는 직장인들의 안정적인 임대 수요를 확보할 수 있습니다.

- 주의 사항: 높은 임대 수익률을 기대할 수 있으나, 주변 공급 물량과 임대료 변동 추이를 지속적으로 확인해야 합니다.

2. 재개발/재건축 추진 지역: 주거환경 개선 및 장기 투자 가치

- 핵심 투자처: 봉천동 내 재개발, 재건축, 가로주택정비사업 등이 추진 중이거나 추진 가능성이 있는 노후 빌라, 단독주택, 소규모 아파트 등.
- 투자 포인트: 노후 주택가가 신축 아파트 단지로 변모하면서 주거환경이 획기적으로 개선되고, 이에 따른 높은 시세차익을 기대할 수 있습니다.
- 주의 사항: 정비사업은 긴 사업 기간, 추가 분담금, 인허가 지연 등의 리스크가 존재합니다. 충분한 정보를 바탕으로 신중하게 접근해야 합니다.

3. 서울대입구역~낙성대역 일대 상업시설: 관악S밸리 종사자 및 젊은 유동인구 흡수

- 핵심 투자처: 서울대입구역 샤로수길 등 특색 상권 및 관악S밸리 거점 시설과 인접한 상업시설(상가).

- 투자 포인트: 서울대 관련 유동인구와 향후 관악S밸리에서 유입될 업무 인구 증가로 상업시설의 매출 증대와 임대료 상승을 기대할 수 있습니다.
- 주의 사항: 상권 활성화 정도, 권리금 형성 여부, 주차 시설 등을 종합적으로 고려해야 합니다.

4. 투자 전 알아 두면 좋은 Q&A

Q. 서울 핵심 지역의 빌라 투자는 아파트 투자만큼 매력적일까요?

A. 서울 핵심 지역의 빌라 투자는 아파트 투자와는 다른 매력과 위험 요소를 동시에 가지고 있습니다. 아파트만큼 대중적인 투자처는 아니지만, 재개발 가능성이나 소액 투자 등 특정 장점을 통해 높은 수익을 기대할 수도 있습니다. 서울에서는 소액 투자로 아파트를 소유할 수 있는 유일한 방법이라 할 수 있습니다.

- 빌라 투자의 매력적인 요소
  - 재개발/재건축 사업에 대한 기대감: 서울의 노후 빌라 밀집 지역은 향후 재개발 또는 모아타운, 신통기획 등 정비사업 추진을 통해 아파트 단지로 변모할 가능성이 있습니다. 사업이 확정되고 진행되면 빌라 소유주는 새 아파트 입주권을 얻게 되어 큰 시세차익을 실현할 수 있습니다. 이는 빌라 투자의 가장 큰 매력 중 하나입니다.
  - 상대적으로 낮은 진입 장벽: 아파트에 비해 빌라는 초기 투자 금액이

상대적으로 낮아 소액으로도 서울 핵심 지역에 투자할 수 있는 기회를 제공합니다.
 - 높은 임대 수익률: 일부 지역은 아파트 대비 매매가가 낮아 전세가율이 높거나 월세 수요가 꾸준한 지역의 빌라는 안정적인 임대수익을 기대할 수 있습니다.

- 고려해야 할 위험 요소
 - 환금성: 아파트에 비해 매수자를 찾기 어렵고 매매가 지연될 수 있어 환금성이 떨어집니다.
 - 정보 비대칭 및 투명성 부족: 아파트보다 시장 정보가 부족하고, 개별 빌라의 건축 상태나 용도 변경 이력 등을 파악하기 어려울 수 있습니다.
 - 사업 지연 및 무산 위험: 재개발/재건축은 복잡한 절차와 주민 동의가 필요하며, 정부 정책 변화, 조합 내부 갈등 등으로 사업이 장기간 지연되거나 무산될 위험이 존재합니다.
 - 감정평가액의 불확실성: 재개발 시 빌라의 최종 감정평가액이 예상보다 낮게 책정될 경우 수익률이 기대에 못 미칠 수 있습니다.

결론적으로 서울 핵심 지역의 빌라 투자는 재개발이라는 큰 잠재력을 가지고 있지만, 환금성 부족, 사업 지연 위험 등 아파트와는 다른 리스크를 충분히 인지하고 전문가의 도움을 받아 신중하게 접근해야 합니다. 특히, 재개발 추진 여부와 진행 단계를 면밀히 확인하는 것이 중요합니다.

심층 투자 전략: 일자리와 교통으로 본 서울 주택 수요 및 유망 지역 분석

주택 수요의 가장 결정적인 요인

주택 수요 요인은 인구수, 가구수, 일자리, 교통, 가수요 등 다양한 요인이 복합적으로 작용하지만, 이 중에서도 일자리와 교통은 매우 큰, 때로는 가장 결정적인 영향을 미치는 핵심 요소라고 할 수 있습니다.

- 일자리
  - 생존 및 소득의 기반: 대부분의 사람들에게 주거는 생계를 유지하고 소득을 얻는 활동(일자리)과 밀접하게 연결되어 있습니다. 일자리가 풍부한 지역은 사람들이 모여들 수밖에 없고, 이는 주택 수요로 직결됩니다.
  - 구매력의 원천: 일자리가 많다는 것은 안정적인 소득을 가진 사람들이 많다는 의미이며, 이는 주택 구매력으로 이어집니다. 좋은 일자리가 많은 지역일수록 주택 가격이 높게 형성되는 경향이 있습니다.
  - 경제 활력의 지표: 특정 지역의 일자리 증가는 그 지역의 경제가 활

성화되고 있다는 신호이며, 이는 장기적인 주택 수요를 견인하는 주요 동력입니다.

- **교통**
  - 접근성 결정: 교통은 특정 지역이 다른 지역(특히 주요 업무지구나 편의시설)과 얼마나 쉽게 연결되는지를 결정하는 '접근성'의 핵심 요소입니다. 아무리 좋은 주택이라도 직장이나 학교, 편의시설과의 접근성이 떨어진다면 수요가 낮아집니다.
  - 시간 비용 절감: 현대인에게 시간은 곧 돈입니다. 출퇴근 시간이 짧아질수록 삶의 질이 높아지기 때문에, 교통이 편리한 지역의 주택은 높은 가치를 가집니다. GTX, 지하철 신설 등 광역교통망 확충은 해당 지역의 주택 수요를 폭발적으로 증가시키는 대표적인 예시입니다.
  - 생활권 확장: 교통망의 발달은 사람들이 인식하는 '생활권'을 넓혀 줍니다. 예를 들어, 지하철 노선 하나가 생기면 그 노선을 따라 새로운 주택 수요가 형성될 수 있습니다.

일자리와 교통은 따로 떼어 생각하기 어렵습니다. 좋은 일자리가 있는 곳에 사람들이 살고 싶어 하고, 그곳으로 출퇴근하기 편리한 교통망이 구축될수록 주택 수요는 더욱 커집니다. 반대로 교통이 아무리 좋아도 일자리가 없다면 단순히 '베드타운' 이상의 의미를 가지기 어렵습니다. 따라서, 일자리와 교통은 주택 수요를 견인하고 주택 가치를 결정하는 데 있어 가장 강력하고 지속적인 영향력을 미치는 핵심 요인입니다.

일자리와 교통으로 분석한 유망 지역 10곳

그렇다면 향후 몇 년간 큰 변화가 기대되거나 이미 변화가 가시화되고 있는 지역 10곳을 선정해 보겠습니다.

- 영등포/여의도권
  - 일자리: 금융 중심지로서의 위상이 강화되고 있으며, 여의도 국제금융지구 개발 계획(IFC 서울 등)과 함께 다양한 기업들이 입주하고 있습니다. 노후 오피스 빌딩 재건축을 통한 업무시설 확장도 활발합니다.
  - 교통: 이미 5호선, 9호선 등 지하철 노선이 많고, 신안산선 개통(예정)으로 서남권과의 접근성이 대폭 개선됩니다. 수도권 광역급행철도(GTX) B노선도 여의도를 경유할 예정입니다.

- 강남권(강남역, 삼성역, 잠실역 인근)
  - 일자리: 대한민국 최대의 업무지구이자 상업 중심지이며, 테헤란로를 중심으로 IT, 스타트업, 금융 등 첨단산업 일자리가 계속 확장되고 있습니다.
  - 교통: 2호선, 3호선, 9호선 등 핵심 노선이 밀집해 있고, 삼성역 일대는 영동대로 복합환승센터 개발(GTX-A, C, 위례신사선 등 집결)로 향후 국내 최대의 교통 허브가 될 예정입니다.

- 마곡지구
  - 일자리: LG, 코오롱, 롯데, 이랜드 등 대기업 연구개발(R&D) 단지가 대거 입주하며 서울 서남권의 핵심 산업단지로 급부상했습니다. 바

이오, IT, 첨단 기술 관련 일자리가 지속적으로 창출되고 있습니다.
- 교통: 5호선, 9호선, 공항철도 등 트리플 역세권으로 교통이 매우 편리합니다.

- 청량리/왕십리권
  - 일자리: 동북권 광역중심으로 발전하며 상업, 업무, 주거 복합단지 개발이 활발합니다. 청량리 역세권 개발을 통해 업무/상업 기능이 크게 확장됩니다.
  - 교통: 경의중앙선, 경춘선, 1호선, 수인분당선, KTX 등 이미 서울 동북부의 핵심 교통 요지이며, GTX-B · C 노선이 청량리를 경유할 예정이어서 수도권 동북부의 교통 허브 기능이 더욱 강화됩니다. 동북선 경전철도 예정되어 있습니다.

- 창동/상계권
  - 일자리: 동북권 경제중심지로 육성 중이며, 서울아레나, 창동차량기지 이전 부지 개발 등을 통해 문화 산업 및 첨단산업, 스타트업 관련 일자리 창출이 기대됩니다.
  - 교통: 1호선, 4호선이 통과하며, GTX-C 노선이 창동역을 경유할 예정이어서 강남 접근성이 대폭 개선될 것입니다.

- 상암/수색권
  - 일자리: DMC(디지털미디어시티)를 중심으로 미디어, IT, 콘텐츠 산업 일자리가 밀집해 있으며, 수색역세권 개발을 통해 상업, 업무 기능이

더욱 확장될 예정입니다.
- 교통: 경의중앙선, 6호선, 공항철도 등이 운행 중이며, 서부선 경전철 신설도 검토되고 있습니다.

• 문정/장지권(문정비즈밸리)
- 일자리: 동남권 물류 및 첨단산업 중심지로, 법조타운과 지식산업센터가 대거 입주하며 바이오, IT, 벤처 기업들의 새로운 일자리 거점으로 성장했습니다.
- 교통: 8호선 문정역, 장지역을 중심으로 교통이 편리하며, 송파대로와 외곽순환도로 접근성도 좋습니다. 위례신사선 계획도 진행 중입니다.

• 가산/대림권(G밸리: 구로디지털단지, 가산디지털단지)
- 일자리: 전통적인 IT 산업 단지에서 첨단 ICT 융합 산업의 메카로 변모하며 지속적으로 일자리가 늘어나고 있습니다. 많은 스타트업과 중소기업이 밀집해 있습니다.
- 교통: 1호선, 7호선, 2호선(대림역) 등 지하철 접근성이 매우 우수하며, 서부간선도로 지하화 등으로 교통 체증도 일부 해소될 전망입니다.

• 용산권
- 일자리: 용산 국제업무지구 개발 계획이 다시 추진되면서, 향후 서울의 핵심 업무 및 상업 거점으로의 변모가 기대됩니다. 용산역 인근 아이파크몰 상권도 활발합니다.

– 교통: 1호선, 경의중앙선, KTX 등 철도 교통의 요지이며, 신분당선 연장(예정) 등 다양한 교통망 확충 계획이 있습니다.

- 광운대역세권(동북권)
    - 일자리: 광운대 역세권 개발 사업이 본격화되면서 주거 · 상업 · 업무 시설이 복합적으로 들어설 예정입니다. 이는 동북부 지역의 새로운 일자리 거점이 될 잠재력을 가지고 있습니다.
    - 교통: 1호선, 경춘선, 경원선이 지나며, 동북선 경전철이 광운대역을 통과할 예정이어서 교통 허브 기능이 더욱 강화될 것입니다.

수서·문정

: 신성장 로봇·IT 첨단, 업무 서비스 중심지로 도약

수서 · 문정의 가치:
서울 동남권의 미래를 이끄는 첨단 복합도시

수서와 문정 지역은 SRT 수서역을 중심으로 지하철 3호선, 수인분당선, 그리고 수도권광역급행철도(GTX-A)가 지나는 수도권 광역교통의 핵심 요충지입니다. 나아가 SRT 북부 연장, 위례과천선 등 추가적인 교통망 확충 가능성까지 더해지며 그 위상이 더욱 높아지고 있습니다.

'2040 서울 도시기본계획'에 따라 수서 · 문정 지역은 신성장 로봇 · 정보기술(IT)산업이 특화된 첨단산업 · 업무 서비스 중심지로 육성됩니다. 또 업무 · 상업을 비롯한 산업 교류 기능을 강화하고 문화 · 여가 및 도심 주거 기능을 보완하며 수서와 문정 간 공간적 · 기능적 연계를 강화하는 쪽으로 방향을 잡고 있습니다.

문정지구는 이미 '문정비즈밸리'를 중심으로 지식산업센터와 업무시설이 집적되어 있으며, 수서역세권 개발은 SRT 수서역을 중심으로 대규모 복합환승센터, 업무 · 상업 · 주거 기능이 어우러진 신도심을 형성하고 있습니다. 이러한 업무 · 상업을 비롯한 산업 교류 기능 강화는 문정비즈밸리의 기존 산업군(IT융합, 바이오메디컬, 녹색산업 등)을 더욱 고도화하고, 수서역세권에 새롭게 유치될 첨단 유통 및 연구개발(R&D) 시설과의 시너지를 통해 새로운 산업 생태계를 구축할 것입니다.

또한 인근 저층 아파트 단지들의 재건축 사업 또한 가시화되고 있어 도시 전체의 변화를 이끌고 있습니다. 도심 주거 기능 보완을 통해 업무 중심의 도시가 아닌, 일과 삶의 균형을 중시하는 '워크-라이프 밸런스(Work-Life

Balance)'를 실현하는 도시를 지향하기 위함입니다.

특히 수서차량기지 상부 복합개발 사업이 본격적인 추진 단계에 들어섰습니다. 이를 통해 두 지역을 잇는 첨단산업 복합도시 조성과 보행자 친화적인 연결 동선 구축, 공유 오피스 및 컨벤션 시설 등을 연계하여 기능적 통합을 이룰 것입니다. 이는 단순한 물리적 연결을 넘어 하나의 거대한 첨단산업 클러스터 형성을 염두에 두고 있습니다.

서울시는 이러한 인프라를 바탕으로 포화상태인 판교 등의 IT 기업 수요를 서울로 유턴시키고, AI와 로봇 등 4차 산업혁명 시대의 첨단산업을 육성하여 수서·문정을 서울 동남권의 새로운 성장 동력으로 삼겠다는 비전을 제시하고 있습니다. 이는 단순한 교통 중심지를 넘어 첨단산업의 허브이자 고용 창출의 핵심 거점, 그리고 쾌적한 주거 및 여가 기능을 갖춘 미래형 복합도시로 진화시킬 것입니다.

수서·문정 지역의 핵심 인기 요인 분석

수서·문정 지역이 서울 동남권의 핵심 지역으로 꾸준히 높은 인기를 누리는 현상은 '교통 혁신', '첨단산업 집적', '미래 도시 조성 기대감'의 시너지 효과 때문입니다.

1. 압도적인 광역교통 허브 및 미래 교통망

- SRT 수서역: 고속철도 시·종착역으로 전국 주요 도시와의 연결성이 뛰어나 비즈니스 출장이 잦은 기업들에게 최적의 입지입니다.
- 쿼터플 역세권: 지하철 3호선, 수인분당선에 더해 GTX-A(2028년 전 구간 개통)가 정차하며, 향후 SRT 북부 연장 및 위례과천선 신설(2032년 개통 목표) 등 미래 철도망 확충 가능성까지 있어 명실상부한 광역교통의 허브입니다.
- 우수한 도로망: 동부간선도로, 밤고개로, 광평로, 수도권제1순환고속

도로, 용인서울고속도로 등이 인접하여 차량 이동성도 뛰어납니다.

2. 신성장 로봇·IT산업 특화 및 업무 기능 집적

- 문정비즈밸리: IT 융합, 바이오메디컬(BT), 녹색산업(ET), 콘텐츠산업 등 신성장동력산업 분야의 우수 기업들이 집적된 지식산업센터 단지로 성공적으로 자리매김했습니다.
- 수서역세권 업무지구: 수서역세권 개발을 통해 연구개발(R&D) 및 첨단 유통시설, 업무시설 등이 대규모로 들어설 예정입니다. 특히 수서차량기지 상부 개발을 통해 로봇·IT 산업 단지로 육성하겠다는 계획은 이 지역을 첨단산업의 핵심 거점으로 만들 것입니다.
- 양질의 일자리 창출: 첨단산업 및 업무시설의 집적은 고부가가치 산업의 일자리를 대거 창출하여 젊은 전문직 인구의 유입을 촉진합니다.

3. 미래 도시 조성 기대감 및 생활 인프라 확충

- 복합개발 통한 시너지: 수서역세권은 환승센터, 업무·유통시설, 공공주택, 복합커뮤니티 시설 등이 어우러진 복합도시로 조성됩니다. 특히 신세계백화점 수서점(2029년 예정) 등의 대형 상업시설 유치는 지역의 상권을 획기적으로 활성화할 것입니다.

- 주거 기능 보완: 행복주택 등 공공주택 및 인근의 수서택지개발지구 내 아파트 단지 재건축 사업이 속도를 내고 있어 직주근접이 가능한 쾌적한 주거환경을 제공합니다.
- 문화·여가 공간 확충: 서울둘레길 연계, 탄천 자전거 전용길 등 자연 친화적인 여가 공간이 풍부하며, 개발계획에 따라 문화시설도 확충됩니다.
- 수서~문정 연계 강화: 두 지역을 잇는 공간적·기능적 연결을 통해 거대한 하나의 첨단산업 클러스터이자 복합 생활권으로 발전할 잠재력이 큽니다.

이같이 수서·문정은 최고의 교통 접근성을 기반으로 로봇·IT 등 미래 첨단산업을 선도하고, 풍부한 일자리와 고품격 생활 인프라를 제공하며, 서울 동남부의 새로운 자족 도시 모델을 제시하는 핫플레이스로 자리매김하고 있습니다. 이제는 더 이상 강남의 외곽지가 아닙니다.

핵심 개발 호재와 예상 변화

1. 수서·문정의 핵심 개발 호재

수서·문정 일대는 미래 산업 혁신, 교통 허브 완성 등 현재 진행 중이거나 예정된 개발 호재들은 부동산 투자 기회를 제공하고 있습니다.

- **수서역세권 복합개발 사업: 교통 허브 및 첨단 비즈니스 거점 완성**
  - 현재 수서동 187번지 일원 약 386,000㎡ 부지에 고속철도 환승센터를 중심으로 업무·유통시설, 공공주택, 복합커뮤니티시설 등을 조성하는 대규모 개발 사업입니다.
  - 교통 혁신: SRT, 3호선, 수인분당선 외에 GTX-A 등 4개 철도 노선이 통합 환승 체계를 갖추게 됩니다. 향후 SRT 북부 연장 및 위례과천선 신설도 예정되어 있습니다.
  - 업무·유통 강화: 역세권 업무·유통구역에는 연구개발(R&D) 및 첨단 유통시설, 문화시설, 호텔, 백화점(신세계백화점 수서점 2029년 예

정) 등이 유치될 예정입니다.
- 주거 기능 보완: 행복주택 등 2,500여 가구의 공공주택과 복합커뮤니티 시설이 들어서 도심 주거 기능을 보완합니다. 업무/상업지구의 준공은 2028년 5월 예정입니다.
- 부동산 영향: 수서역 일대를 서울 동남권의 대표적인 광역 비즈니스 중심지로 격상시키며 상업용 부동산 가치를 극대화하고, 첨단산업 종사자 유입으로 주거용 부동산 수요를 증가시킬 것입니다.

- **수서차량기지 입체복합개발: 로봇·IT 특화 첨단산업 복합도시 조성**
  - 서울 지하철 3호선 수서차량기지(약 20만㎡) 상부를 인공데크로 덮고, 그 위에 주거·상업·문화시설과 녹지공간을 조성하여 로봇·IT 산업이 특화된 첨단산업 복합도시를 만드는 사업입니다. 이는 수서와 문정 지역 간의 공간적·기능적 연계를 강화하는 핵심 프로젝트입니다.
  - 개발 규모: 연면적 약 665,000㎡(마곡 LG사이언스파크의 80% 수준)의 대규모 복합개발이 이루어집니다.
  - 산업 특화: 로봇·IT 등 신성장 산업의 첨단업무기업을 유치하여 판교 등의 기업 수요를 흡수하고 산업교류 기능 강화 및 고용 기반 마련에 기여할 것입니다.
  - 문화·여가·주거 보완: 차량기지 기능을 유지하면서 상부에 주거·상업·문화시설과 녹지 공간을 복합적으로 조성합니다.
  - 사업 목표: 2027년 착공을 목표로 사업이 본격 추진 중이며, 프랑스 파리 리브고슈 사례를 벤치마킹하는 등 선진적인 입체 복합개발 방식을 검토하고 있습니다.

- 부동산 영향: 대규모 첨단산업 업무단지 조성을 통해 해당 지역의 토지 가치를 극대화하고, 관련 기업 및 종사자들의 유입으로 주변 상업 및 주거시설의 수요를 폭발적으로 증가시킬 것입니다.

• 문정비즈밸리 고도화: 첨단 지식산업 생태계 강화
- 이미 조성된 문정비즈밸리(동남권 유통단지 내 지식산업센터 밀집 지역)의 기능을 고도화하고, 입주 기업의 성장을 지원하며, 관련 산업의 교류를 활성화하는 방안이 지속적으로 추진될 것입니다.
- 산업군: IT 융합, 바이오메디컬, 녹색산업, 콘텐츠산업 등 다양한 신성장동력산업 분야의 수많은 중소기업과 스타트업이 입주해 있으며, 꾸준히 성장하고 있습니다.
- 산업교류 활성화: 기업 지원 프로그램, 네트워킹 행사 등을 통해 기업 간 시너지를 창출하고 혁신적인 아이디어를 교환하는 장이 마련됩니다.

• 수서택지개발지구 아파트 재건축/리모델링: 쾌적한 주거환경 조성
- 수서택지개발지구 내 노후 아파트 단지와 주택 밀집 지역에 대한 재건축·리모델링 사업이 활발히 추진되고 있습니다.
- 현황: 강남구청 발표(2025년 3월)에 따르면, 수서택지개발지구에 속하는 일원역 인근 저층단지 4곳(상록수, 가람, 한솔, 청솔빌리지)이 잇따라 정밀안전진단을 통과하며 재건축 사업에 속도를 내고 있습니다.
- 부동산 영향: 신축 아파트 단지 조성은 쾌적한 주거 공간을 제공하고, 커뮤니티 시설 확충 및 공원 연계 등을 통해 '권역 생활서비스 기

능 강화'에 기여합니다.

2. 수서·문정의 예상 변화

향후 수서·문정 일대는 서울 동남권의 첨단산업 선도, 일자리 풍부, 삶의 질 높은 미래형 복합도시로 진화할 것입니다.

• 대한민국 혁신 성장의 미래 거점

수서역 일대 개발과 문정 도시개발사업을 통해 조성되는 대규모 R&D 클러스터는 IT, 바이오, 의료 등 첨단 지식산업 기업들을 유치하여 대한민국 혁신 성장의 핵심 거점 역할을 수행할 것입니다.

• 동남권 광역교통의 허브 완성

수서역은 SRT, GTX-A 노선, 수인분당선, 3호선 등이 교차하는 수도권 동남부의 유일무이한 교통 허브로 자리매김하여 서울과 수도권의 접근성을 획기적으로 향상할 것입니다.

• 고품격 업무와 주거의 공존

오피스, 오피스텔, 지식산업센터가 복합적으로 들어선 업무 단지와 인근의 주거 단지가 어우러져 직주근접을 실현하고, 쾌적한 친환경 업무 및 주거환경을 제공할 것입니다.

- 탄탄한 배후 수요를 갖춘 명품 상권

　강남과 인접한 지리적 이점과 풍부한 유동인구를 바탕으로 고소득 전문직 종사자와 기업체 임직원 등 탄탄한 배후 수요를 갖춘 명품 상권이 형성될 것입니다.

수서 · 문정 일대의 핵심 투자처

수서/문정 일대는 단순한 교통 중심지를 넘어 첨단산업으로 풍부한 일자리를 창출하고, 높은 주거 만족도와 쾌적한 생활환경을 제공하는 서울 동남권의 대표적인 '복합 명품 도시'이자 '떠오르는 도시'입니다.

1. 수서역세권 복합개발 지역 내 부동산: 교통·업무·상업 핵심지

- 핵심 투자처: 수서역세권 내 환승센터 연계 상업시설, 업무시설, 주거시설(오피스텔, 아파트).
- 투자 포인트: SRT, GTX-A 등 광역교통 인프라의 직접적인 수혜를 받으며, 대규모 업무·상업시설 유치로 높은 유동인구와 비즈니스 수요를 흡수할 것입니다. 특히 신세계백화점 등 대형 유통시설의 가시화는 상업용 부동산 가치를 극대화하고, 직주근접 수요로 인한 주

거용 부동산의 가치 상승도 기대됩니다.
- 주의 사항: 높은 초기 투자 비용이 예상되며, 사업 진행 상황과 구체적인 상업시설 구성을 자세히 분석해야 합니다.

2. 수서차량기지 입체복합개발 인접 및 연계 지역 부동산: 첨단산업 클러스터 수혜

- 핵심 투자처: 수서차량기지 개발 부지에 인접하거나, 개발될 첨단산업 단지와 기능적으로 연계될 수 있는 주변 지역의 지식산업센터, 업무시설, 주거용 부동산.
- 투자 포인트: 로봇·IT 등 신성장 산업의 핵심 거점으로 조성되면서 관련 기업 및 종사자들의 유입이 폭발적으로 증가하여 주변 지식산업센터, 오피스텔, 소형 아파트의 임대 및 매매 수요를 견인할 것입니다.
- 주의 사항: 개발계획의 구체적인 내용과 진행 속도(2027년 착공 목표)를 지속적으로 확인해야 합니다.

3. 문정비즈밸리 지식산업센터 및 주변 상업시설: 안정적인 첨단산업 수요 기반

- 핵심 투자처: 문정비즈밸리 내 기존 지식산업센터, 그리고 해당 단지

종사자들을 대상으로 하는 주변 상업시설.
- 투자 포인트: 이미 안정적으로 기업들이 입주하여 가동 중인 지역으로, 지속적인 첨단산업 수요와 함께 안정적인 임대수익을 기대할 수 있습니다. 수서차량기지 개발과의 연계로 시너지가 더욱 강화될 것입니다.
- 주의 사항: 이미 가격대가 형성되어 있으므로, 추가 상승 여력과 공실률 등을 꼼꼼히 따져 봐야 합니다.

4. 수서택지개발지구 아파트 재건축/리모델링 추진 단지: 주거 쾌적성 향상 및 신축 프리미엄 기대

- 핵심 투자처: 수서동/일원동 일원 수서택지개발지구 내 재건축 연한이 도래한 아파트 단지(상록수, 가람, 한솔, 청솔빌리지 등).
- 투자 포인트: 미래형 복합도시로의 발전에 맞춰 노후 주거단지들이 쾌적한 신축 아파트로 변모하면서 주거 가치와 만족도가 크게 상승할 것입니다. 첨단산업 종사자 등 고소득 인구 유입으로 인한 주거 수요 증가도 기대됩니다.
- 주의 사항: 재건축/리모델링은 사업 기간이 길고 정책 변화에 민감하므로, 조합 설립과 사업성 분석 등 진행 상황을 면밀히 확인해야 합니다.

5. 투자 전 알아 두면 좋은 Q&A

Q. GTX(수도권 광역급행철도) 노선이 개통되면 인근 지역 아파트 가격에 어느 정도의 영향을 미치나요?

A. GTX는 수도권 주요 거점 간 이동 시간을 획기적으로 단축시키는 광역급행철도로, 노선 개통은 인근 지역 아파트 가격에 매우 긍정적인 영향을 미칠 것으로 예상됩니다. 이미 착공된 노선 주변 지역에서는 아파트 가격에 '선반영'되는 현상도 나타나고 있습니다.

- GTX 개통으로 인한 기대효과

첫째, 교통 편의성 극대화로 직주근접 가치가 상승합니다. GTX 개통은 수도권 외곽 지역에서 서울 도심까지 20~30분대에 도달할 수 있게 하여, 멀게 느껴지던 지역이 서울 핵심 업무지구의 '사실상 배후 주거지'로 변모합니다.

둘째, 잠재적 수요층 확대로 매수세가 강화됩니다. 서울 도심의 높은 주거 비용 때문에 외곽으로 밀려났던 실수요자들이 GTX 개통으로 인해 접근성이 좋아진 수도권 지역으로 유입될 가능성이 커집니다.

셋째, 주변 상권 및 인프라 발전을 촉진합니다. GTX 역세권을 중심으로 유동인구가 증가하면서 상업/편의/교육시설 등 다양한 인프라 확충이 동반될 가능성이 높습니다.

넷째, 선반영 효과 및 추가 상승 여력을 가집니다. GTX는 이미 부동산 시장에 널리 알려진 초대형 호재이므로, 착공 발표 시점부터 가격에 상당 부분 선반영되는 경향이 있습니다. 그러나 실제 개통 시점에는 실질적인 교통 편의성이 체감되면서 한 번 더 가격이 상승하는 '개통 효과'를 기대할 수 있습니다.

요약하면, GTX 노선 개통은 인근 지역 아파트의 교통 편의성을 극대화하고, 잠재적 수요를 확대하며, 주변 인프라 발전을 촉진하여 장기적으로 상당한 가격 상승 동력이 될 것입니다.

• GTX-A 노선의 성공적인 개통 사례

GTX-A 노선 개통 사례를 살펴보면, 향후 GTX-B/C/D 노선 영향을 예측할 수 있습니다.

GTX-A 노선(2024년 3월 수서~동탄 구간, 2024년 12월 운정~서울역 구간 개통)은 수도권 광역급행철도의 첫 시작을 알리며 해당 지역 부동산 시장에 이미 큰 영향을 미치고 있습니다. 먼저, 동탄역 주변 아파트는 개통 전부터 상당한 가격 상승을 보였으며, 개통 이후에도 강남 접근성 개선이라는 실제 편의성으로 인해 전세가와 매매가가 동반 상승하는 모습을 보였습니다. 동탄 역세권은 이미 '준강남' 지역입니다.

파주 운정중앙역 인근 신축 아파트들은 GTX-A 개통 직전, 아파트 거래량 증가와 함께 큰 폭의 가격 상승세를 보이기도 했습니다. 다만, 전체 시장 침체기에는 호재가 충분히 반영되지 못하거나 이미 선반영되어 개통 후 가격 상승 여력이 제한적이라는 분석도 있었습니다.

수서역 주변 아파트는 개통 호재로 인해 단기간에 수억 원씩 가격이 뛰는 등 직접적인 영향을 받았습니다. 이미 트리플 역세권이었던 수서역이 GTX까지 추가되면서 강남 외곽이라는 이미지를 벗고 교통 요지로서의 가치가 더욱 부각되었습니다.

· GTX-B/C/D 노선 영향 예측

　일반적으로 GTX 역세권은 일반 지하철 역세권보다 더 넓은 반경, 즉 역으로부터 도보 1㎞ 이내 또는 대중교통으로 10~20분 이내에 접근 가능한 지역까지도 긍정적인 영향을 미친다고 볼 수 있습니다. GTX-A 노선의 성공적인 개통 사례를 바탕으로 향후 개통될 GTX-B/C/D 노선 또한 해당 지역 부동산 시장에 지대한 영향을 미칠 것으로 예상됩니다.

　GTX-B 노선(2031년 개통 예상)은 인천 송도국제도시, 인천 부평 일대, 서울 여의도, 용산, 서울역, 청량리, 그리고 경기도 남양주 별내·왕숙·평내호평·마석 등 정차역이 수혜를 받을 것입니다. 특히 교통이 불편했던 인천과 경기도 지역이 큰 호재로 작용할 것으로 전망됩니다.

　GTX-C 노선(2030년 개통 목표)은 경기 양주 덕정, 의정부, 서울 청량리, 삼성역, 양재역, 과천, 경기 수원 등 경기 남북부를 서울 도심과 연결하는 노선입니다. 특히 상대적으로 서울 접근성이 약했던 경기 북부 지역(양주, 의정부)의 주거 수요가 크게 늘어날 것이며, 이는 아파트 가격 상승으로 이어질 것입니다.

　또 GTX-D 노선(수도권 서부권~서울/경기 동부권)의 경우는 가장 '핫'한 노선이 될 것으로 전문가들은 예상하고 있습니다. 주요 수혜 지역으로는 김포, 인천 검단, 계양, 부천, 광명, 그리고 서울 강동구, 경기 하남, 원주 등 수도권 서부와 동부를 잇는 라인의 역세권 지역입니다.

　GTX 노선은 단순한 교통망 확충을 뛰어넘어, 수도권 지역의 도시 공간 구조를 재편하고, 직주근접의 개념을 확장하며, 새로운 주거 및 상업 중심지를 형성하는 강력한 동력이 될 것입니다.

심층 투자 전략: UAM 시대, 미래 교통 혁명과 도시의 재편

하늘을 나는 택시와 드론, 도시의 패러다임을 바꾼다

미래 교통수단으로 불리는 UAM(Urban Air Mobility, 도심항공교통)은 하늘을 나는 택시, 드론 등을 활용하여 도심 내 또는 도심과 외곽을 연결하는 차세대 모빌리티 솔루션입니다. 미래 도시의 교통 혼잡, 환경 문제 등을 해결하고 새로운 경제 가치를 창출할 것으로 기대됩니다. UAM은 단순히 이동 수단을 넘어 도시의 패러다임을 바꿀 수 있는 잠재력을 가지고 있습니다.

- 교통 혁신 및 시간 단축: 도심 상공을 활용하여 지상 교통 체증을 우회하고, 이동 시간을 획기적으로 단축시킬 것입니다.
- 새로운 직주근접 개념: 지상 교통망 중심의 직주근접 개념을 공중으로 확장시켜, 현재는 통근이 어렵다고 여겨지는 외곽지역도 주요 업무지구의 '진정한 배후지'가 될 수 있습니다.
- 도시 공간 재편: 버티포트(UAM 이착륙장) 건설은 도시의 주요 거점을

중심으로 새로운 인프라를 형성하고, 기존 건물의 옥상이나 유휴 부지 등 도시의 활용 가능한 공간을 재정의할 것입니다.

K-UAM 로드맵

정부와 서울시는 'K-UAM 로드맵'에 따라 2025년 초기 상용 서비스 시작 → 2030년 본격적인 상용화 및 서비스 확대 → 2035년 이후 서비스 고도화 및 대중화를 목표로 하고 있습니다. 서울시는 2030년까지 여의도, 수서, 잠실, 김포공항 등 4개 버티포트를 구축하고, 2035년 이후에는 상암, 가산, 광화문, 왕십리, 상봉 등 주요 도심을 연계한 간선 체계를 완성할 계획입니다.

UAM 교통으로 가장 주목받는 지역은 바로 김포공항입니다. 김포공항 일대는 2030년 UAM 이착륙장과 복합환승시설이 준공되는 '김포공항 혁신지구'로 지정 고시되어 미래 교통 허브이자 모빌리티 첨단산업 중심지로 거듭날 예정입니다. 주거와 상가 등 이 일대 모든 부동산이 직접적인 수혜를 기대할 수 있습니다. UAM은 KTX, GTX, 지하철과는 또 다른 차원의 부동산 영향을 미칠 것입니다.

- '초고속 입체 교통망': UAM은 지상 교통 체증에 구애받지 않고 하늘길을 이용하므로, 물리적 거리가 아닌 '비행시간' 개념의 접근성을 형성합니다.
- 새로운 '에어-포트권' 형성: 버티포트 주변으로 새로운 형태의 '에어-포트권'이 형성될 것입니다. 단순히 역과 가까운 것을 넘어, 버티포트와 연계된 건물, 복합환승센터, 그리고 이들을 중심으로 한 상

업·업무·주거 복합단지의 가치가 크게 상승할 것입니다.
- '접근성 허브'의 중요성 증대: 기존의 철도 역세권에 UAM 버티포트가 결합되면, 해당 지역은 단순한 교통 요지를 넘어 육상-항공 연계의 '초월적 접근성 허브'가 되어 부동산 가치가 극대화될 수 있습니다. 예를 들어, 서울역, 김포공항, 삼성역 등 기존의 핵심 교통 요지들이 UAM 허브로 발전할 잠재력이 큽니다.
- '비선호 시설'의 재해석: 기존에는 접근성 한계로 저평가되었던 공항 인근 또는 넓은 유휴 부지를 가진 지역이 UAM 버티포트의 적지로 부상하며 새로운 개발 잠재력을 가질 수 있습니다.

【 UAM, KTX, GTX, 지하철의 특징 비교 】

	UAM(도심항공교통)	KTX(고속철도)	GTX(수도권광역급행철도)	지하철(도시철도)
주요 역할	- 도심 내/도심 - 공항/도심 - 외곽 간 초고속 이동 - 지상 교통체증 우회	- 전국 주요 거점 간 고속 이동 - 지역 간 연결성 강화	- 수도권 주요 거점과 서울 도심 간 고속 연결 - 출퇴근 시간 단축	- 도심 내 대량 대중 교통 - 지역 내 이동 및 환승 핵심
수송 능력	소규모(초기 4~6인승)	대규모(수백~수천 명/회)	대규모(수백~천여 명/회)	대규모(수백~천여 명/회)
이동 속도	매우 빠름(시속 150~300km 예상)	매우 빠름(시속 250~300km)	매우 빠름(최고 시속 180km, 평균 100km)	보통(시속 30~60km)
주요 이용층	시간 가치가 높은 비즈니스맨, 고소득층, 긴급 이동 등	장거리 출장객, 관광객	수도권-서울 장거리 통근자, 출장객	일반 시민(일상적인 출퇴근, 통학, 이동)
부동산 영향	- 버티포트 인근 '에어-포트권' 형성: 특정 거점의 상업/업무/주거 복합 개발 - 고가치 지역 위주로 영향	- KTX 역세권 개발: 역세권 상업/업무 중심지 형성 - 지역 균형 발전 기여	GTX 역세권 형성: 수도권 외곽 지역의 서울 접근성 개선, 주택 가격 상승	지하철 역세권 형성: 역으로부터 도보권 내 주거/상업 활성화, 지가 상승
미래 잠재력	도시 교통 혁신, 새로운 라이프스타일 창출, 신산업 생태계 구축	전국 반나절 생활권 완성, 국토 균형 발전 기여	수도권 광역 생활권 확대, 메가시티 조성 기여	도시 핵심 대중교통 유지, 노선 확장 및 편의성 증대

UAM 시대의 부동산 투자

UAM 시대에 부동산 투자 측면에서 다음과 같은 변화를 예상할 수 있습니다.

- 직접적인 수혜 지역: 버티포트가 건설되는 지역 및 그 주변은 초역세권 이상의 가치 상승을 경험할 것입니다. 이는 단순히 주택뿐 아니라 상업용, 업무용 부동산의 가치도 끌어올립니다.
- 신개념 주거벨트 형성: 서울 핵심 지역까지 UAM으로 20~30분대 이동이 가능해지는 수도권 외곽지역들이 새로운 주거 벨트로 부상할 수 있습니다.
- 도시 스카이라인 변화: 건물 옥상에 버티포트가 설치되면서 고층 건물들의 가치 평가에 새로운 요소가 추가될 수 있습니다.

그렇다면 부동산 투자자들은 어떤 선택을 해야 할까요?

가장 먼저 초기 버티포트 예정지 선점이 중요합니다. 특히 공항 연계 노선 및 서울 도심 주요 거점(김포공항, 서울역, 삼성역, 여의도 등)과 같이 정부 및 주요 기업의 개발계획이 구체화된 지역에 주목해야 합니다.

기존 교통 인프라와의 시너지도 중요합니다. KTX, GTX, 지하철 등 기존 교통 허브와 UAM 버티포트가 연계되는 곳은 '복합환승 허브'로서 최고의 입지 가치를 가질 것입니다. 이러한 지역 내 상업시설, 오피스텔, 주상복합 등은 장기적인 투자 가치가 높습니다.

하지만 단순히 'UAM'이라는 키워드만으로 투자하기보다는, 해당 지역의 구체적인 도시계획, 역세권 개발 사업, 그리고 UAM 관련 인프라 구축

로드맵을 상세히 확인해야 합니다.

  UAM 상용화는 2025년 시범 운행을 시작으로 점진적으로 확대될 것이며, 대중화까지는 시간이 더 필요합니다. 단기적인 시세차익보다는 5년, 10년 이상의 장기적인 관점에서 투자하는 것이 바람직합니다.

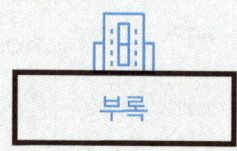

부록

【 서울 시내를 통과하는 신설 예정 철도 】

노선명	구간 및 길이	착공	개통	수혜 지역
동북선	왕십리역~상계역	2021년	2026년	성북 · 노원 · 동대문 낙후 지역 접근성 향상 → 재개발, 리모델링 기대 상승
동북선 연장	창동역~방학역	2021년	2027년	상대적 저평가 지역인 상계동 · 창동 일대
신안산선	여의도역~한양대역 여의도역~시흥시청역	2019년	2027년	수도권 서남부 교통혁명. 여의도 오피스 수요 증가, 광명 · 시흥지구 신도시 부각
7호선 연장	도봉산~옥정~포천	2020년	2029년	수도권 북부 실수요 중심 신도시 부양, 옥정지구 자체 가치 상승 기대
GTX-A	운정~동탄 (파주~서울역 개통)	2019년	2028년	동탄신도시 · 운정 등 강남 접근 대폭 개선 → 고평가 정당화, 재건축 · 신축 활성화
GTX-C	양주~수원 양주~상록수	지연	2030년	경기 남북 직결. 창동 · 금정 · 덕정 등 낙후 지역 대전환 기대
GTX-B	송도~마석	2025년	2031년	인천 · 강동~남양주 연결. 저평가 지역 가치 재조명. 특히 청량리 역세권 개발 가속
위례신사선	위례신도시~신사역	2026년	2030년	강남 연결로 위례 동남부 가치 급등, 위례역 · 마천역 일대 관심 지역 부각
우이신설선 연장	솔밭공원역~방학역	2025년	2031년	상대적 저평가 지역인 방학동 · 창동 북측 일대
서부선	새절역~서울대입구역	2026년	2031년	서울 서남 · 서북권 연결. 관악 · 은평 · 구로 재개발 가능성 증가
대장홍대선	대장신도시~홍대입구역	2026년	2031년	대장지구~홍대 연결. 3기 신도시 가치 회복 기대. 마곡 · 상암 · 홍대 등 상업지 수익형 투자 유망
강동하남남양주선	고덕강일지구~진접2지구	2026년	2031년	3기 신도시 개발 속도 ↑, 사전청약지구 분양가 상승 영향

송파하남선	오금역~하남시청역	2027년	2032년	하남 교산~강남 접근성 향상으로 분양 프리미엄 상승 가능
위례과천선	정부과천청사~복정	2027년	2032년	위례 · 과천 간 직결로 실거주 · 투자 동시에 수혜 예상
면목선	청량리역~신내역	2028년	2033년	서울 동북권 낙후 지역 재조명, 소형 아파트 · 빌라 재개발 촉진 가능
신구로선	시흥대야역~목동역	2029년	2035년	차량기지 이전+노선 개통 시 서울 서남권 구심 재개발 촉진
강북횡단선	목동역~청량리역	예타 탈락		강북 동서 연결. 낙후지 재조명. 노원 · 은평 · 마포 등 재개발 기대 상승
신분당선 서북부 연장	삼송~용산	예타 탈락		서북권~강남 직결. 은평 · 서대문 접근성 개선, 불광 · 연신내 투자 매력 확대
목동선	신월~당산	예타 탈락		신월~당산 연결. 양천구 저평가 지역 교통 개선, 목동 재건축 · 신월동 개발 탄력

이것이 진짜 부동산이다!

서울 핵심 투자 15곳

초판 1쇄 인쇄일 2025년 09월 22일
초판 1쇄 발행일 2025년 09월 30일

지 은 이 윤바울
펴 낸 이 양옥매
디 자 인 표지혜
교　　정 조준경
마 케 팅 송용호

펴낸곳 도서출판 책과나무
출판등록 제2012-000376
주소 서울특별시 마포구 방울내로 79 이노빌딩 302호
대표전화 02.372.1537　팩스 02.372.1538
이메일 booknamu2007@naver.com
홈페이지 www.booknamu.com
ISBN 979-11-6752-695-3 (03320)

* 저작권법에 의해 보호를 받는 저작물이므로 저자와 출판사의 동의 없이
  내용의 일부를 인용하거나 발췌하는 것을 금합니다.
* 파손된 책은 구입처에서 교환해 드립니다.
* 본문 내 사진 중 일부는 서울연구데이터서비스 자료를 이용하였습니다.